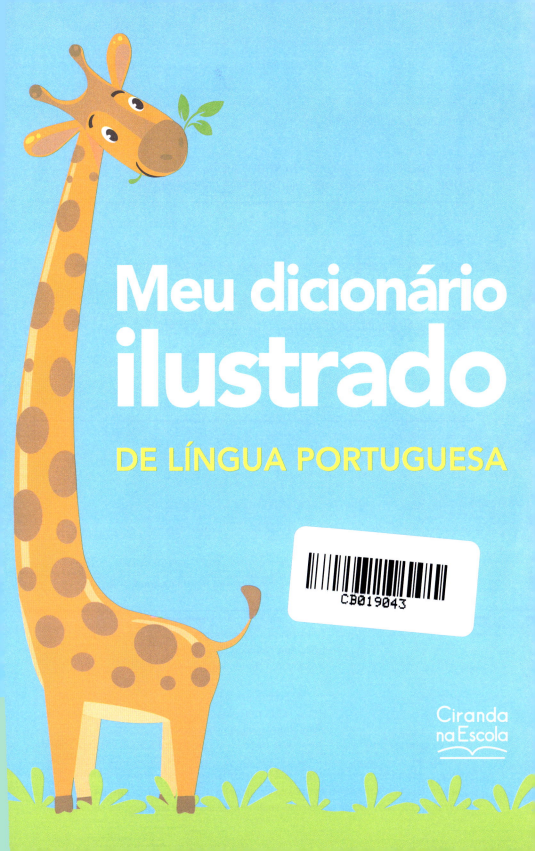

CIP-BRASIL. CATALOGAÇÃO NA PUBLICAÇÃO
SINDICATO NACIONAL DOS EDITORES DE LIVROS, RJ

M557

Meu dicionário ilustrado da língua portuguesa. -- ; ilustração Shutterstock. -- 1. ed. --
Barueri, SP : Ciranda na Escola, 2017.
   256 p. : il. ; 15,8 cm x 23 cm.

ISBN: 978-85-380-6860-0

   1. Língua portuguesa - Dicionários infantojuvenis. I. Shutterstock. II. Título.

17-39211   CDD:469.3
                                              CDU: 811.134.3(81)(038)

Ciranda na Escola é um selo da Ciranda Cultural.

© 2017 Ciranda Cultural Editora e Distribuidora Ltda.
Ilustrações: Shutterstock
Revisão: Ana Paula de Deus Uchoa
Produção: Ciranda Cultural

1ª Edição em 2017
4ª Impressão
www.cirandacultural.com.br

Todos os direitos reservados. Nenhuma parte desta publicação pode ser reproduzida, arquivada em sistema de busca ou transmitida por qualquer meio, seja ele eletrônico, fotocópia, gravação ou outros, sem prévia autorização do detentor dos direitos, e não pode circular encadernada ou encapada de maneira distinta daquela em que foi publicada, ou sem que as mesmas condições sejam impostas aos compradores subsequentes.

APRESENTAÇÃO

O *Meu dicionário ilustrado* foi elaborado para auxiliar você que está descobrindo a Língua Portuguesa.

Nele você encontrará divertidas ilustrações que vão auxiliá-lo a compreender algumas palavras, junto com as definições, classes gramaticais e exemplos de uso desses termos em frases.

Com este conteúdo, você terá autonomia para descobrir os significados e a maneira de escrever corretamente, tanto de palavras novas como de palavras que já conhece da língua portuguesa, além de se familiarizar com os princípios básicos de uso de um dicionário.

Pense em uma palavra, vire as páginas e descubra o significado. Aos poucos você vai entender que aprender pode ser uma grande brincadeira!

COMO USAR ESTE DICIONÁRIO?
São várias informações sobre uma palavra só!

Fique tranquilo! Todas as informações estão organizadas de uma forma bem simples para que você possa compreender tudo.

Pronúncia: a forma correta de pronunciar a palavra, seja com a vogal mais fechada (ê, ô) ou aberta (é, ó).

Número da acepção: os diferentes significados que a mesma palavra pode ter.

Separação silábica: indicada por pontos entre as sílabas.

VER.BE.TE
(ê) *s.m.* 1. Conjunto composto pela palavra e todas as informações que a acompanham em um dicionário. 2. Pedaço de papel com anotações. *Aquele dicionário tinha mais de 2 mil verbetes.*

Definição: o significado da palavra.

Classe gramatical: as abreviações que aparecem logo depois do verbete.

Exemplo: uma frase que demonstra o uso daquela palavra em uma situação.

Shutterstock/Victor Brave

CLASSES GRAMATICAIS

As palavras da língua portuguesa são organizadas em diferentes classes gramaticais.
Neste dicionário, você vai encontrar algumas delas:

Substantivos
É a palavra que dá nome a algo ou alguém.
O *menino* pegou sua *bicicleta* e foi até a *padaria*.

substantivo feminino: *s.f.* a *cidade*, a *bicicleta*
substantivo masculino: *s.m.* o *menino*, o *padeiro*
substantivo de dois gêneros: *s.2gên.* o *estudante*/a *estudante*

Adjetivos
Palavra que indica a característica de um substantivo.
adj. No circo, havia um palhaço *engraçado*.

Pronomes
Palavra que pode ser usada no lugar de um nome.
pron. *Ela* está doente.

Interjeições
Palavra ou expressão que indica uma emoção ou um ruído.
interj. *Ai!* Levei um susto ao ouvir o trovão.

Verbos
Palavra que representa ação, estado ou fenômeno da natureza.
v. *Estava chovendo* quando o cãozinho *fugiu*.

Advérbios
Palavra que acompanha o verbo, que pode indicar intensidade, modo, lugar, tempo, etc.
adv. *Ontem* choveu.

Lembre-se: Neste dicionário, a classe gramatical de cada verbete aparece abreviada logo após a palavra principal.

SUBSTANTIVOS COLETIVOS

Os substantivos coletivos são palavras que indicam um conjunto de elementos.

Coletivo	Conjunto de...
acervo	obras
alcateia	lobos
arquipélago	ilhas
atlas	mapas
banda	músicos
bando	aves
biblioteca	livros
boiada	bois
buquê	flores
caravana	viajantes
cardume	peixes
classe	alunos
constelação	estrelas
cordilheira	montanhas
coro	cantores
elenco	artistas
enxame	abelha
esquadrilha	aviões
fauna	animais de uma região
flora	plantas de uma região
frota	caminhões, ônibus, carros
manada	elefantes, bois
matilha	cães
molho	chaves
ninhada	filhotes
pinacoteca	quadros
time	jogadores
vocabulário	palavras

Shutterstock/ Wet Nose

ADJETIVOS PÁTRIOS

Adjetivos pátrios são os nomes que indicam o lugar onde as pessoas nasceram.

Abaixo você encontrará os adjetivos pátrios dos estados brasileiros:

Estado	Adjetivo
Acre	acriano
Alagoas	alagoano
Amapá	amapaense
Amazonas	amazonense
Bahia	baiano
Ceará	cearense
Distrito Federal (Brasília)	brasiliense
Espírito Santo	capixaba, espírito-santense
Goiás	goiano
Maranhão	maranhense
Mato Grosso	mato-grossense
Mato Grosso do Sul	sul-mato-grossense, mato-grossense-do-sul
Minas Gerais	mineiro
Paraíba	paraibano
Paraná	paranaense
Pernambuco	pernambucano
Piauí	piauiense
Rio de Janeiro	fluminense
Rio Grande do Norte	potiguar, rio-grandense-do-norte, norte-rio-grandense
Rio Grande do Sul	gaúcho, rio-grandense-do-sul, sul-rio-grandense
Rondônia	rondoniano, rondoniense
Roraima	roraimense
Santa Catarina	catarinense, barriga-verde
São Paulo	paulista
Sergipe	sergipano
Tocantins	tocantinense

ESTADOS E CAPITAIS DO BRASIL

O Brasil tem 26 estados, e cada um deles tem a sua capital, que é a cidade que representa o estado. Conheça os estados e as capitais do Brasil:

Estado	Capital
Acre	Rio Branco
Alagoas	Maceió
Amapá	Macapá
Amazonas	Manaus
Bahia	Salvador
Ceará	Fortaleza
Distrito Federal	Brasília
Espírito Santo	Vitória
Goiás	Goiânia
Maranhão	São Luís
Mato Grosso	Cuiabá
Mato Grosso do Sul	Campo Grande
Minas Gerais	Belo Horizonte
Pará	Belém
Paraíba	João Pessoa
Paraná	Curitiba
Pernambuco	Recife
Piauí	Teresina
Rio de Janeiro	Rio de Janeiro
Rio Grande do Norte	Natal
Rio Grande do Sul	Porto Alegre
Rondônia	Porto Velho
Roraima	Boa Vista
Santa Catarina	Florianópolis
São Paulo	São Paulo
Sergipe	Aracaju
Tocantins	Palmas

NUMERAIS

Nesta seção, você encontrará os símbolos que representam as quantidades, em algarismos arábicos e romanos – estes últimos geralmente são usados para indicar séculos e podem também ser encontrados em relógios.
Além disso, nas terceira e quarta colunas, você poderá conferir como escrever os números cardinais e ordinais.

ARÁBICOS	ROMANOS	CARDINAIS	ORDINAIS
1	I	um	primeiro
2	II	dois	segundo
3	III	três	terceiro
4	IV	quatro	quarto
5	V	cinco	quinto
6	VI	seis	sexto
7	VII	sete	sétimo
8	VIII	oito	oitavo
9	IX	nove	nono
10	X	dez	décimo
11	XI	onze	décimo primeiro
12	XII	doze	décimo segundo
13	XIII	treze	décimo terceiro
14	XIV	catorze	décimo quarto
15	XV	quinze	décimo quinto
16	XVI	dezesseis	décimo sexto
17	XVII	dezessete	décimo sétimo
18	XVIII	dezoito	décimo oitavo
19	XIX	dezenove	décimo nono
20	XX	vinte	vigésimo
30	XXX	trinta	trigésimo
40	XL	quarenta	quadragésimo
50	L	cinquenta	quinquagésimo
60	LX	sessenta	sexagésimo
70	LXX	setenta	septuagésimo
80	LXXX	oitenta	octagésimo
90	XC	noventa	nonagésimo
100	C	cem	centésimo
500	D	quinhentos	quingentésimo
1.000	M	mil	milésimo

VERBOS DOS SONS DOS ANIMAIS

Cada animal produz um som característico, e para essa ação de emitir esse som existem diferentes verbos, de acordo com cada animal. Conheça alguns:

VERBO	ANIMAL
arrulhar	pombo
balir	cabra, ovelha
barrir	elefante
bramir	urso, leão
cacarejar	galo
chiar	coelho, lebre
coaxar	sapo
gorgolejar	peru
grasnar	pato
grunhir	porco
guinchar	rato
guinchar	macaco
latir	cachorro
miar	gato
relinchar	cavalo
rugir	leão
sibilar	cobra
uivar	lobo
zumbir	abelha
zurrar	burro

Shutterstock/ Tomacco

A

A
s.m. Primeira letra do alfabeto.

A.BA.CA.TE
s.m. Fruto do abacateiro, comestível, de polpa amanteigada e saborosa, de casca áspera, de cor verde ou violeta e de caroço duro.

A.BAI.XO-AS.SI.NA.DO
s.m. Documento assinado por várias pessoas, para fazer uma reclamação, um pedido, um protesto, etc.

A.BA.JUR
s.m. Objeto que contém uma lâmpada e ilumina o que está perto.

A.BAN.DO.NAR
v. Largar, não querer mais; desprezar.
Quando completou 15 anos, Marcelo abandonou seus brinquedos de infância.

A.BE.LHA
(ê) *s.f.* Inseto que vive em enxames e fabrica a cera e o mel, sendo a mais comum a abelha-doméstica.

A.BEN.ÇO.AR
v. Lançar a bênção, benzer, bendizer, glorificar, louvar, amparar, favorecer, proteger.

A.BIS.MO
s.m. 1. Buraco, geralmente vertical, cuja abertura está na superfície da terra e parece não ter fundo. 2. Lugar profundo, precipício.

A.BÓ.BO.RA
s.f. 1. Fruto da aboboreira, também conhecido como jerimum. / *s.m.* 2. Cor de abóbora.

A.BRA.CA.DA.BRA
s.m. Palavra a qual se atribuía poderes mágicos, podendo até curar doenças quando dita por alguém.

A.BRI.GO
s.m. 1. Lugar protegido do frio, da chuva, etc. 2. Cobertura. 3. Algo que oferece proteção ou refúgio contra exposição, dano físico, ataque, observação, perigo.

AB.SUR.DO
adj. 1. Diferente de razão e bom senso; que não possui racionalidade ou sentido. 2. Que não se enquadra em regras e condições estabelecidas.

A.BUN.DÂN.CIA
s.f. 1. Fartura, grande quantidade. 2. Excesso, exagero.
A abundância de estrelas no céu iluminava todo o vilarejo.

A.BU.SA.DO
adj. 1. Que abusa. 2. Intrometido, confiado, abelhudo.

A.BU.TRE
s.m. 1. Ave de rapina de grande porte, com asas e cauda negras, que se alimenta de carniça. 2. Pessoa ambiciosa e sem escrúpulos.

A.ÇA.Í
s.m. 1. Palmeira do Norte do Brasil. 2. Fruto do açaizeiro, com o qual se faz suco, sorvete, etc.

Á.CA.RO
s.m. Pequena criatura que pode viver no corpo do homem e de animais domésticos, e pode provocar alergias e doenças de pele.

A.CE.NAR
v. Fazer acenos para; aprovar, avisar, chamar a atenção para despedir-se.

A.CEN.DER
v. 1. Pôr fogo em alguma coisa. 2. Colocar algum aparelho elétrico em funcionamento.

A.CEN.TU.A.ÇÃO
s.f. 1. Colocação do acento gráfico indicando a sílaba tônica das palavras. 2. Algo definido, marcante, claro.

A.CEP.ÇÃO
s.f. 1. Sentido em que se toma uma palavra; significado. 2. Interpretação, entendimento.

A.CE.RO.LA
s.f. Fruta pequena e vermelha, rica em vitamina C.

A.CER.TAR
v. 1. Atingir o alvo. 2. Agir com acerto, resolver em conjunto.

A.CES.SÍ.VEL
adj. 1. De fácil acesso. 2. Que se pode alcançar, obter ou possuir. 3. Compreensível, inteligível.
O videogame que Paulo queria comprar não tinha um valor acessível para seus pais, custava muito caro.

A.CES.SÓ.RIO
adj. e *s.m.* 1. Que não é principal, não é essencial. 2. Que se junta a alguma coisa, principal, sem dela fazer parte. 3. Complemento.

A.CI.DEN.TE
s.m. 1. O que é casual, imprevisto. 2. Desastre.

Á.CI.DO
adj. 1. Que tem sabor azedo, picante. 2. Substância ou produto corrosivo, tóxico.

AC.NE
s.f. Doença de pele característica pelo aparecimento de cravos e espinhas; comum entre os jovens.

A.COS.TA.MEN.TO
s.m. Faixa de uma rodovia que se destina principalmente a paradas de emergência dos veículos.

A.ÇOU.GUE
s.m. Lugar onde se vende carne.

A.CRE
adj. 1. Unidade de medida usada para medir áreas agrárias. / *s.m.* 2. Estado da região Norte do Brasil.

A.CRO.BA.TA
s.2gên. Pessoa que se equilibra em uma corda, em trapézio, etc.; malabarista, equilibrista.

A.CRO.FO.BI.A
s.f. Medo de altura, de lugares altos.

A.ÇÚ.CAR
s.m. Substância doce extraída da cana-de-açúcar ou da beterraba.

A.CU.PUN.TU.RA
s.f. Método terapêutico de origem chinesa, no qual se usam agulhas muito finas em determinados pontos do corpo do paciente.

A.CU.SAR
v. 1. Culpar alguém por alguma coisa; incriminar; denunciar. 2. Confessar.
Guilherme foi acusado de ter quebrado a janela de seu vizinho, mas provou sua inocência.

A.DI.ÇÃO
s.f. 1. Operação matemática que soma dois ou mais números. 2. Acréscimo, aumento.

A.DI.VI.NHA.ÇÃO
s.f. 1. Ato ou efeito de adivinhar. 2. Arte de predizer o futuro. 3. Jogo em que se propõem desafios fáceis para serem decifrados; adivinha.

AD.JE.TI.VO
s.m. Palavra que se junta a um substantivo para atribuir a ele uma ou mais qualidades.

A.DO.ÇÃO
s.f. 1. Aceitação de pessoa ou animal como parte da família de alguém. 2. Reconhecimento legal da adoção de um filho por alguém ou por uma família.

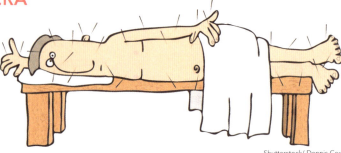

A.DO.E.CER
v. Ficar doente, enfermar.

A.DO.LES.CEN.TE
adj. 1. O que se diz de quem não é mais criança, mas também não é adulto. 2. Pessoa que saiu da infância e ainda não se tornou adulta.
Luzia agora está com 13 anos! Já é uma adolescente.

A.DRE.NA.LI.NA
s.f. 1. Hormônio produzido por uma medula; importante estimulador da pressão sanguínea e dos batimentos cardíacos. 2. Disposição física; energia.

A.DUL.TO
adj. e *s.m.* 1. Quem já atingiu o máximo de seu crescimento. 2. Pessoa que já passou pela infância e pela adolescência.

AD.VÉR.BIO
s.m. Palavra que expressa uma circunstância do verbo ou a intensidade da qualidade dos adjetivos ou reforça outro advérbio e, em alguns casos, modifica a oração.

AD.VER.SI.DA.DE
s.f. 1. Problema, imprevisto. 2. Contrariedade, infelicidade, má sorte. 3. Aquilo que aborrece; aborrecimento.

AD.VER.TÊN.CIA
s.f. 1. Ação ou efeito de advertir. 2. Aviso, conselho, observação, repreensão.

AD.VO.GA.DO
s.m. Profissional formado em Direito, com a função de defender pessoas ou empresas de acordo com a lei.

A.E.RO.NÁU.TI.CA
s.f. 1. Ciência, arte e prática da navegação aérea. 2. Aviação militar de um país.

A.E.RO.POR.TO
s.m. Local destinado ao pouso e decolagem de aeronaves.

A.FE.TO
s.m. 1. Sentimento de carinho e cuidado por alguém. / *adj.* 2. Admirador, afeiçoado, dedicado.

A.FI.NI.DA.DE
s.f. 1. Semelhança. 2. Conformidade, identidade. 3. Coincidência ou semelhança de gostos ou de sentimentos.

A.FIR.MA.ÇÃO
s.f. 1. Ato de dizer sim ou seu efeito. 2. O que se afirma como verdade; afirmativa. 3. Confirmação.

A.FLI.ÇÃO
s.f. 1. Sofrimento; tormento, tortura; agonia. 2. Desassossego, inquietação.

A.FO.BA.ÇÃO
s.f. Pressa, aceleração.
A afobação do motorista causou o acidente de trânsito.

A.FRI.CA.NIS.MO
s.m. 1. Estudo da África negra ou negros africanos. 2. Influência africana na cultura dos demais continentes. 3. Palavra ou expressão referente a qualquer das línguas africanas.

A.FRO.DES.CEN.DEN.TE
adj. e *s.2gên.* Quem descende de africanos.

AF.TA
s.f. Pequena ferida na boca.

A.FUN.DAR
v. 1. Colocar no fundo. 2. Ir ao fundo, submergir.

A.GA.SA.LHAR
v. 1. Dar agasalho a alguém. 2. Cobrir com agasalho. 3. Aquecer-se com roupas de frio.

Á.GIL
adj. 1. Que se move com rapidez; ligeiro. 2. Rápido.

A.GLO.ME.RA.ÇÃO
s.f. Grande quantidade de coisas ou pessoas juntas.

A.GO.NI.A
s.f. 1. Dor intensa; aflição. 2. Desejo intenso de conseguir alguma coisa; ânsia.

A.GRA.DAR
v. Ser agradável, causar boa impressão ou impressionar; contentar, satisfazer.
Vanessa agrada a seus pais quando se dedica aos estudos.

A.GRES.SI.VI.DA.DE
s.f. 1. Qualidade de agressivo. 2. Disposição para ser violento ou para agredir. 3. Estado caracterizado por comportamento hostil, violento e destrutivo.

A.GRES.TE
adj. e *s.m.* 1. Que se refere aos campos. 2. Zona árida no Nordeste do Brasil, entre a mata e a caatinga.

A.GRI.CUL.TU.RA
s.f. Cultivo do solo para a produção de vegetais que servem como alimento.

A.GRI.DO.CE
(ô) *adj.* Diz-se do que tem sabor ácido e doce ao mesmo tempo.

A.GRO.TÓ.XI.CO
(cs) *adj.* e *s.m.* Produto usado no combate e prevenção de pragas da lavoura.

A.GUA.PÉ
s.m. Nome dado a várias espécies de plantas que crescem na superfície ou à beira de rios e lagos.

Á.GUIA
s.f. Ave de grande porte, dotada de bico e garras, de hábito diurno, figura imponente, visão aguçada e voo poderoso.

A.GU.LHA
s.f. Pequeno objeto de aço, usado para costurar, que possui uma ponta bem fina de um lado e na outra ponta um furo para se passar a linha.

A.LA.GA.MEN.TO
s.m. 1. Ato ou efeito de alagar. 2. Enchente d'água.

A.LAR.ME
s.m. 1. Aviso de algum perigo. 2. Inquietação causada pela ameaça de perigo. 3. Dispositivo para avisar alguém de algum inconveniente ou algo predefinido.

AL.BER.GUE
s.m. 1. Hospedaria, pousada, estalagem. 2. Local de refúgio, abrigo, retiro.

AL.BI.NIS.MO
s.m. Ausência total ou parcial de cor dos olhos, da pele e dos pelos.

ÁL.BUM
s.m. Livro ou caderno reservado para guardar fotografias, gravuras, selos de correio, versos, pensamentos, ou quaisquer objetos que merecerem recordação.

AL.CAN.ÇAR
v. 1. Ir até; apanhar, encontrar; atingir; conseguir, obter; compreender; vencer; ver. 2. Conseguir algo.
Monique treina todos os dias para alcançar seu objetivo de ser campeã olímpica.

AL.CE
s.m. Mamífero que pode medir mais de 2 metros de comprimento, de galhada de chifres fortes e de pescoço curto; vive nas regiões polares da América do Norte, Europa e Ásia.

AL.CO.RÃO
s.m. Livro sagrado do islamismo que contém as doutrinas de Maomé.

A.LE.CRIM
s.m. 1. Planta aromática, cujas flores e folhas são usadas como tempero, chá ou medicamento. 2. A flor desse arbusto.

A.LE.GAR
v. 1. Citar como prova, referir. 2. Expor fatos, razões ou argumentos como explicação de algo.
Maurício alegou que não havia sido avisado sobre o conteúdo da prova.

A.LE.GRI.A
s.f. Estado de contentamento; satisfação; felicidade.

A.LE.LUI.A
s.f. 1. Cântico de alegria; ou louvor a Deus entoado no tempo da Páscoa. 2. Exclamação de alegria. 3. A celebração da Ressurreição de Cristo no sábado da Semana Santa.

A.LER.GI.A
s.f. Intolerância do organismo para certos produtos, remédios ou comidas, aos quais ele reage de várias formas, com manifestações na pele ou nos sistemas respiratório e digestivo.

A.LER.TA
adj. 1. Atento, vigilante. / *s.m.* 2. Sinal para avisar o perigo; precaução.

AL.FA.BE.TO
s.m. Conjunto das letras usadas na grafia de uma língua; abecedário.

AL.FA.CE
s.f. Planta de folhas verdes usada em saladas.

AL.FAI.A.TE
s.m. Aquele que faz roupas masculinas.

AL.FI.NE.TE
s.m. 1. Fina haste de metal com ponta aguçada, usada para prender panos, papéis, etc. 2. Enfeite que se espeta em gravata, chapéu, etc.

AL.GA.RIS.MO
s.m. Símbolo utilizado para representar a escrita dos números.

ÁL.GE.BRA
s.f. Parte da matemática que ensina a calcular, por meio de letras do alfabeto, analisando, de um ponto de vista geral, as possíveis soluções.

AL.GO.DÃO
s.m. 1. Fibra vegetal muito branca e fina que envolve as sementes do algodoeiro. 2. Fio ou tecido que se fabrica com essa fibra.

A.LHO
s.m. Erva muito semelhante à cebola, formado por gomos (dentes), de cheiro característico e gosto forte. É muito usado na culinária como tempero e por suas propriedades medicinais.

Á.LI.BI
s.m. 1. Prova que inocenta o réu do crime de que foi acusado. 2. Justificação ou desculpa aceitável.
O álibi de Tatiana por seu atraso foi o trânsito intenso.

A.LI.E.NÍ.GE.NA
adj. e *s.2gên.* Que é de outro planeta.

A.LÍ.VIO
s.m. 1. Diminuição de peso, dor, sofrimento, trabalho, etc. 2. Consolo.

AL.MA
s.f. Para a religião, parte espiritual, invisível e imortal do homem, criada por Deus à sua semelhança; fonte e motor de todos os atos humanos.

AL.MO.FA.DA
s.f. Espécie de travesseiro cheio de qualquer substância macia ou elástica e que serve de encosto, assento, etc.

AL.MÔN.DE.GA
s.f. Bolo de carne picada e temperada, cozido em molho espesso ou frito.

AL.PI.NIS.MO
s.m. Esporte que consiste em escalar montanhas; montanhismo.

AL.TAR
s.m. 1. Mesa onde se realizam cultos religiosos. 2. Estrutura destinada a sacrifícios ou rituais.

AL.TE.ZA
s.f. Título dado a reis e príncipes.

AL.TO-MAR
s.m. Parte do mar distante do litoral e de onde não se avista terra.

AL.TRU.ÍS.MO
s.m. Dedicação desinteressada ao próximo, filantropia.

A.LU.GUEL
s.m. 1. Cessão ou aquisição de objeto ou serviço por tempo e preço combinados. 2. O preço dessa cessão ou aquisição.

A.LU.NO
s.m. Quem recebe instrução ou educação em um estabelecimento de ensino ou de uma pessoa; estudante.

AL.VO.RE.CER
v. Amanhecer; romper do dia.

AL.VO.RO.ÇO
s.m. Comoção; pressa; tumulto; agitação.

A.MA.DOR
(ô) *adj.* e *s.m.* Que se dedica a uma arte ou esporte por prazer, sem fazer deles um meio de vida.
Elaine é uma cozinheira amadora que deseja se especializar em comida árabe.

A.MA.DU.RE.CER
v. 1. Tornar(-se) maduro. 2. Chegar a completo desenvolvimento; tornar mais experiente.

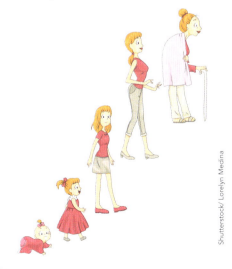

A.MA.MEN.TAR
v. Ato de dar o leite do peito a um bebê; aleitar.

A.MAR
v. 1. Ter ou sentir amor, afeto, ternura por si próprio ou por alguém; querer bem a alguém. 2. Gostar muito de alguma coisa ou de alguém; estimar.

A.MA.RE.LI.NHA
s.f. Brincadeira infantil em que se pula alternando um ou os dois pés sobre quadrados riscados no chão.

A.MA.RE.LO
s.m. A cor da gema do ovo.

A.MAR.GO
adj. 1. Que tem sabor desagradável; que não é doce. 2. Cheio de tristeza ou sofrimento.

AM.BI.ÇÃO
s.f. Desejo intenso (de riquezas, de poder, de glória ou de honras).

AM.BI.DES.TRO
adj. e *s.m.* Que usa tanto a mão direita quanto a esquerda sem dificuldades.

AM.BI.EN.TE
s.m. Lugar, espaço, em que se está ou vive.

AM.BI.GUI.DA.DE
(gü) *s.f.* 1. Característica ou condição do que é ambíguo. 2. Dúvida, incerteza, que causa dupla interpretação. *O pênalti aplicado pelo juiz gerou ambiguidade na opinião de quem assistia ao jogo.*

AM.BU.LÂN.CIA
s.f. Veículo composto de ambulatório para primeiros socorros; utilizado para transporte de doentes e feridos, na emergência.

A.ME.A.ÇA
s.f. 1. Intimidação por gesto, sinal ou palavra. 2. Indício de castigo ou desgraça.

A.ME.BA
s.f. 1. Ser vivo que possui uma única célula. 2. Parasita encontrado em ambientes aquáticos; causador da disenteria amebiana.

A.MÉM
interj. 1. Palavra utilizada no fim de orações para expressar a ideia de "assim seja". 2. Atitude ou ação de concordar com algo.

A.MÊN.DOA
s.f. 1. Fruto ou semente da amendoeira. 2. Qualquer semente contida em um caroço.

A.ME.TIS.TA
s.f. Pedra semipreciosa, de cor lilás.

A.MÍ.DA.LA
s.f. Cada uma das glândulas ovoides, em forma de amêndoa, existentes de cada lado da garganta; também escreve-se amígdala.

A.MI.GO
adj. 1. Que gosta, que ama, que aprecia alguém por laços de amizade. / *s.m.* 2. Companheiro, protetor, aliado, defensor, concorde.
Fred e Rafael são melhores amigos desde a primeira série.

A.MI.ZA.DE
s.f. 1. Sentimento de afeto. 2. Estima. 3. Benevolência, bondade. 4. Pessoa amiga.

AM.NÉ.SIA
s.f. Diminuição ou perda da memória; também escreve-se amnesia.

A.MOR
(ô) *s.m.* 1. Sentimento que induz alguém a desejar o bem do outro; que leva as pessoas para o que lhes parece belo, digno ou grandioso. 2. Afeição profunda; paixão; entusiasmo.

A.MO.RA
s.f. Fruto da amoreira, de cor roxa ou preta, comestível ao natural ou em geleias.

A.MOR-PRÓ.PRIO
s.m. Sentimento de dignidade, estima ou respeito por si mesmo.

A.MOR.TE.CE.DOR
(ô) *adj.* 1. Que amortece. / *s.m.* 2. Dispositivo mecânico para diminuir ou anular os choques ou vibrações em máquinas e veículos.

A.MOS.TRA
s.f. 1. Pequena porção de produto natural ou fabricado, sem valor comercial, exibida para exame ou prova de sua natureza, qualidade e tipo. 2. Exposição.
A vendedora me mostrou três amostras de perfumes para eu escolher meu favorito.

AM.PLI.AR
v. 1. Tornar mais amplo ou maior. 2. Alargar, aumentar (em área), dilatar.

AM.PO.LA
s.f. Pequeno tubo inteiriço e totalmente fechado.

AM.PU.LHE.TA
(ê) *s.f.* Aparelho utilizado para medir o tempo pela passagem de certa quantidade de areia fina do vaso superior ao inferior por meio de um pequeno buraco; relógio de areia.

A.MU.LE.TO
(ê) *s.m.* Aquilo que alguém guarda consigo, pois acredita que protege de azar, desgraças, etc.

A.NA.GRA.MA
s.m. Palavra formada pela reordenação das letras de outra palavra.

A.NÁ.GUA
s.f. Saia usada por baixo de outra saia ou vestido.

A.NAL.FA.BE.TO
adj. e *s.m.* Que não sabe ler nem escrever.

A.NAL.GÉ.SI.CO
s.m. Remédio que diminui ou elimina a dor.

A.NA.LI.SAR
v. 1. Decompor (um todo) em suas partes componentes. 2. Examinar detalhadamente.

A.NA.LO.GI.A
s.f. 1. Relação de semelhança entre coisas diferentes. 2. Semelhança. 3. Comparação.

A.NÃO
s.m. e *adj.* Pessoa, animal ou planta de estatura bem menor que a média.

A.NAR.QUIS.MO
s.m. 1. Doutrina que prega a eliminação de toda autoridade. 2. Teoria política fundada na ideia de que a sociedade deve se organizar de forma voluntária, sem fazer uso da força ou da imposição de obrigações.

A.NA.TO.MI.A
s.f. 1. Ciência que estuda a estrutura e a forma dos seres organizados. 2. Aspecto externo do corpo humano.

AN.CES.TRAL
adj. 1. Relativo a antepassados. 2. Muito remoto. 3. Primitivo. *Os ancestrais de minha mãe moravam no continente africano.*

AN.CI.ÃO
s.m. 1. Pessoa idosa. / *adj.* 2. Antigo, velho.

ÂN.CO.RA
s.f. 1. Peça de ferro ou aço que, lançada à água, mantém a embarcação no mesmo local. / *s.2gên.* 2. Jornalista do rádio ou da televisão que coordena as informações transmitidas.

AN.DAI.ME

s.m. Armação de madeira ou metal, provisória, que serve como apoio para pedreiros e serventes erguerem uma obra ou prédio.

AN.DO.RI.NHA

s.f. Nome comum dos pássaros de rabo em forquilha, costas negras e peito branco, que se alimentam de insetos em pleno voo.

Shutterstock/ Liliya Shlapak

AN.DROI.DE

(ói) *adj.* 1. Semelhante ao ser humano. / *s.m.* 2. Robô que imita um ser humano no aspecto.

A.NE.DO.TA

s.f. 1. Relato breve de um fato engraçado real ou inventado. 2. Pequena história de efeito cômico. 3. Piada.

A.NEL

s.m. Aro de metal, geralmente precioso, que se traz no dedo como símbolo de algum fato significativo, por exemplo, noivado, casamento, formatura, etc., ou como acessório.

A.NE.MI.A

s.f. 1. Doença sanguínea que produz sintomas como palidez e cansaço. 2. Estado de debilidade; fraqueza, abatimento.

A.NÊ.MO.NA

s.f. Nome comum a várias plantas de flores coloridas, cultivadas como enfeite.

A.NES.TE.SI.A

s.f. Perda parcial ou total da sensibilidade do corpo, provocada para aliviar a dor ou evitar o aparecimento desta no curso de uma cirurgia.
A anestesia para extrair o dente do siso deixou Marcela tonta.

AN.FÍ.BIO

adj. 1. Diz-se de animais ou plantas que vivem ou crescem tanto em terra como na água. / *s.m.* 2. Classe de vertebrados que respiram por meio de brânquias e, no estado adulto, através de pulmões. Inclui os sapos, as rãs, as pererecas e as salamandras.

Shutterstock/ Rivan media

AN.FI.TRI.ÃO
s.m. Pessoa que recebe convidados para banquete, festa, etc., ou arca com as suas despesas.
Minha tia sempre é escolhida para ser a anfitriã do baile anual do clube de nossa cidade.

ÂN.GU.LO
s.m. Na Matemática, qualquer figura situada em duas semirretas que partem do mesmo ponto ou se encontram em um mesmo ponto.

AN.GÚS.TIA
s.f. 1. Aflição, agonia. 2. Ansiedade que aperta o coração. 3. Sofrimento excessivo.

A.NI.MA.ÇÃO
s.f. 1. Estado de boa disposição, energia; entusiasmo; vivacidade. 2. Alegria, empolgação. 3. Desenho animado.

A.NI.MAL
s.m. 1. Ser organizado, dotado de sensibilidade e de movimento voluntário. 2. Ser vivo não integrante do reino vegetal.

Â.NI.MO
s.m. 1. Vontade. 2. Coragem, entusiasmo.

A.NI.QUI.LAR
v. 1. Destruir, reduzir a nada. 2. Tornar sem efeito, anular.

A.NIS.TI.A
s.f. 1. Ato pelo qual se perdoam consequências de um crime; concedido principalmente a criminosos políticos. 2. Perdão geral.

A.NI.VER.SÁ.RIO
s.m. Dia ou data em que se completam anos de idade.

AN.JO
s.m. Ser espiritual, dotado de personalidade própria, que exerce a função de mensageiro entre Deus e os homens e habita o Céu.

A.NO
s.m. 1. Espaço de tempo necessário para a Terra completar uma volta ao redor do Sol chamado movimento de translação. 2. Espaço de 12 meses.

A.NÔ.NI.MO
adj. 1. Sem nome ou assinatura do autor. / *s.m.* 2. Pessoa que oculta seu nome.
Daniela escreve comentários anônimos na internet por medo de a identificarem.

A.NO.RE.XI.A
(cs) *s.f.* Falta de apetite com grande perda de peso e outras consequências resultantes de alteração emocional; inapetência.

ÂN.SIA
s.f. 1. Náusea, enjoo. 2. Angústia, agonia.

AN.SI.E.DA.DE
s.f. 1. Estado emotivo caracterizado por um sentimento de insegurança. 2. Angústia. 3. Expectativa.

AN.TA
s.f. Mamífero quadrúpede, de corpo semelhante ao do porco, um dos maiores animais da fauna brasileira.

Shutterstock/ Andryuha1981

AN.TA.GO.NIS.TA
adj. e *s.2gên.* 1. Quem atua em sentido oposto. 2. Quem é contra alguém ou alguma coisa; adversário, rival, opositor. 3. Vilão.

AN.TE.BRA.ÇO
s.m. Parte do braço entre o cotovelo e o punho.

Shutterstock/ Aksanaku

AN.TE.CI.PAR
v. 1. Realizar, dizer antes do tempo previsto ou oportuno; adiantar(-se); precipitar(-se). 2. Chegar antes do tempo. 3. Prever.

AN.TE.NA
s.f. 1. Prolongamentos da cabeça de insetos e crustáceos, com função de detectar cheiros, consistências e, por vezes, sons. 2. Dispositivos que transmitem sinal para aparelhos de televisão ou de rádio.

AN.TE.PAS.SA.DO
adj. 1. Relativo ao que passou ou aconteceu antes. 2. Que viveu no passado. / *s.m.* 3. Ascendente (anterior aos avós); ancestrais.

AN.TI.Á.CI.DO
adj. 1. Que atua sobre os ácidos, neutralizando-lhes a ação. / *adj.* e *s.m.* 2. Substância que combate a acidez gástrica.

AN.TI.A.DE.REN.TE
adj. e *s.2gên.* Que ou o que impede a aderência.

AN.TI.A.LÉR.GI.CO
adj. 1. Que não provoca alergia. / *s.m.* 2. Medicamento que combate a alergia.

AN.TI.BI.Ó.TI.CO
adj. e *s.m.* Substância que combate microrganismos causadores de doenças infecciosas.

AN.TI.COR.PO
(ô) *s.m.* Substância específica produzida pelo organismo para reagir contra substâncias estranhas capazes de penetrar no corpo e produzir doenças.

AN.TÍ.DO.TO
s.m. Medicamento que combate a ação de toxina ou veneno.

AN.TÍ.FRA.SE
s.f. Palavra ou expressão usada com sentido contrário ao que se deseja dizer; ironia.
Que chuva! Está um tempo ótimo para irmos à praia.

AN.TI.GUI.DA.DE
s.f. 1. Qualidade de antigo. 2. Período histórico anterior à Idade Média. 3. Tempos muito antigos.

AN.TÍ.LO.PE
s.m. Animal mamífero, de chifres ocos, pequeno e veloz.

AN.TI.PA.TI.A
s.f. Sentimento de desprezo; aversão; falta de simpatia.

AN.TI.QUA.DO
adj. 1. Que pensa ou age de maneira antiga. 2. Ultrapassado, fora de uso.

AN.TI.QUÁ.RIO
s.m. 1. Colecionador ou vendedor de antiguidades. 2. Loja de objetos antigos.

AN.TIS.SO.CI.AL
adj. 1. Que não se adapta à sociedade. 2. Que evita o convívio social ou familiar.

AN.TI.TÉR.MI.CO
adj. 1. Que protege do calor. / *adj.* e *s.m.* 2. Diz-se de ou medicamento para diminuir a febre.

AN.TO.LO.GIA
s.f. Coleção de textos reunidos de acordo com um tema.

AN.TÔ.NI.MO
adj. e *s.m.* Palavra de sentido contrário a outra.
O antônimo de inimigo é amigo.

AN.TRO.PO.CÊN.TRI.CO
adj. Relativo à doutrina que coloca o homem como o centro do universo e a ele atribui todas as coisas.

AN.TRO.PO.LO.GI.A
s.f. Ciência que estuda o ser humano e tudo o que lhe é característico.

AN.TRO.PO.MOR.FIS.MO
s.m. Atribuição de características humanas a animais, objetos ou divindades.

AN.ZOL
s.m. Pequeno gancho com farpa, a que se prende a isca para pescar.

A.PA.GA.DOR
(ô) *adj.* e *s.m.* 1. Que apaga. 2. Objeto com uma superfície de feltro ou esponja usado para apagar o que foi escrito em quadro-negro ou similar.

A.PAI.XO.NAR
v. 1. Fazer despertar ou sentir atração. 2. Inspirar paixão. 3. Enamorar. 4. Entusiasmar. 5. Dedicar-se com gosto a alguma coisa.

A.PA.RA.FU.SAR
v. Fixar, prender com parafuso.

A.PA.RÊN.CIA
s.f. Aspecto exterior de alguma coisa; exterioridade.
A professora estava com uma aparência cansada porque estava gripada.

A.PAR.TA.MEN.TO
s.m. Residência particular localizada em um prédio.

A.PAR.TAR
v. 1. Afastar(-se), desunir(-se). 2. Separar os que estão brigando.

A.PAR.TI.DÁ.RIO
adj. 1. Que não segue ou não tem ligação com nenhum partido. 2. Que não apoia nenhuma das partes de uma disputa.

A.PA.TI.A
s.f. 1. Estado de insensibilidade de sentimentos; indiferença. 2. Falta de energia; preguiça.

A.PA.VO.RA.DO
adj. Que sente muito pavor; assustado, aterrorizado.

A.PA.ZI.GUAR
v. 1. Tranquilizar, reconciliar, pacificar, acalmar, aquietar. 2. Tornar menos intenso qualquer sentimento.

A.PE.LI.DO
s.m. Nome dado a alguém a partir de alguma característica pessoal ou da abreviação de seu nome; alcunha.

A.PE.LO
(ê) *s.m.* 1. Chamamento, invocação. 2. Recurso judicial, apelação.

A.PER.FEI.ÇO.AR
v. Tornar(-se) melhor ou perfeito; aprimorar(-se).

A.PE.RI.TI.VO
adj. 1. Aquilo que abre o apetite. / *s.m.* 2. Bebida ou alimento servido para abrir o apetite.

A.PE.TI.TE
s.m. 1. Vontade ou desejo de comer. 2. Desejo por alguma coisa para a satisfação de uma necessidade.

Á.PI.CE
s.m. 1. Ponto mais alto; cume; topo. 2. Auge; apogeu.

A.PI.CUL.TU.RA
s.f. Criação de abelhas.

A.PI.TO
s.m. Pequeno instrumento de assobio usado para dirigir manobras, pedir socorro, orientar trânsito, etc.

A.PLAU.SO
s.m. 1. Manifestação pública de elogio ou satisfação com palmas, vozes, ruídos, etc. 2. Ato de aplaudir por gestos ou palavras.

AP.NEI.A
s.f. Interrupção temporária da respiração.
Algumas pessoas desenvolvem a habilidade para mergulhar em apneia.

A.PO.DRE.CER
v. Tornar(-se) podre; estragar.

A.PO.SEN.TA.DO.RI.A
s.f. 1. Direito trabalhista garantido por lei a quem, trabalhador ou empregado, depois de ter completado certo tempo de serviço deixou de trabalhar, mas continua recebendo salário. 2. Mensalidade que o aposentado recebe.

A.PO.SEN.TO
s.m. Compartimento de casa, especialmente quarto de dormir.

A.POS.TA
s.f. Desafio que fazem duas ou mais pessoas e que obriga o perdedor a pagar ao ganhador uma certa quantia combinada.

A.POS.TI.LA
s.f. Publicação com resumo de textos e matérias de aulas para uso de alunos.

A.PÓS.TO.LO
s.m. 1. Cada um dos 12 discípulos de Jesus Cristo. 2. Aquele que evangeliza.

A.PRE.EN.SI.VO
adj. Preocupado, receoso.
Os alunos estavam muito apreensivos aguardando pelo resultado das provas finais.

A.PREN.DER
v. 1. Arquivar na memória; memorizar. 2. Adquirir conhecimentos; instruir-se. 3. Entender; informar-se. 4. Ficar sabendo, reter sabedoria.

A.PREN.DIZ
s.m. 1. Quem aprende ofício ou arte. 2. Principiante; novato.

A.PRE.SEN.TA.ÇÃO
s.f. 1. Ato ou efeito de apresentar. 2. Espetáculo. 3. Aparência pessoal. 4. Texto inicial de uma obra.

A.PRES.SAR
v. 1. Fazer algo com pressa; acelerar, avivar. 2. Tornar rápido, veloz. 3. Abreviar, antecipar.

A.PRI.MO.RAR
v. 1. Fazer com primor. 2. Aperfeiçoar; tornar primoroso, completo.

A.PRO.VA.ÇÃO
s.f. 1. Ato ou efeito de aprovar. 2. Manifestação de consentimento; anuência.

AP.TI.DÃO
s.f. 1. Vocação, inclinação. 2. Requisitos para a realização de determinada atividade ou tarefa.

A.QUA.RE.LA
s.f. 1. Tinta diluída em água. 2. Técnica de pintura usando essa tinta. 3. A pintura feita com essa tinta.

A.QUÁ.RIO
s.m. Depósito de água utilizado para criação e observação de animais e vegetais aquáticos, em especial peixes ornamentais.

A.QUE.CER
v. 1. Tornar quente, esquentar. 2. Estimular os músculos; excitar.

A.QUE.DU.TO
s.m. Sistema de canalização para condução de água.

A.RAC.NO.FO.BI.A
s.f. Medo de aranhas.

A.RA.ME
s.m. Qualquer fio de metal, flexível, de comprimento variável.
O meu vizinho fez uma cerca com arame farpado para evitar a entrada de ladrões.

A.RA.NHA
s.f. Animal pertencente à família dos Aracnídeos, geralmente possui oito patas e faz teias para prender suas presas.

A.RA.RA
s.f. Ave que possui cauda longa e que se distingue pelo colorido, em que predominam as cores mais vivas: amarelo, vermelho e azul.

A.RAU.CÁ.RIA
s.f. Árvore de pinha, com amêndoas carnosas e comestíveis; natural das florestas e campos do Sul do Brasil, Oceania e América do Sul.

AR.BI.TRA.RIE.DA.DE
s.f. 1. Abuso de autoridade; violência. 2. Comportamento ilógico; capricho.

AR.BÍ.TRIO
s.m. Decisão que só leva em conta a própria vontade.
Meu pai sempre me diz que tenho livre-arbítrio para decidir meu próprio futuro.

ÁR.BI.TRO
s.m. 1. Autoridade absoluta ou suprema; soberano. 2. Pessoa encarregada de dirigir uma partida.

AR.BO.RIS.MO
s.m. Prática esportiva que consiste em percorrer um circuito entre árvores.

AR.CAI.CO
adj. Qualquer coisa que está fora de uso; muito antigo; antiquado; obsoleto.

AR.CO-Í.RIS
s.m. Fenômeno luminoso em forma de arco, reflexo dos raios solares nas gotas d'água de chuva. Suas cores são: vermelho, alaranjado, amarelo, verde, azul-turquesa, anil e violeta.

A.REI.A
s.f. Substância semelhante ao pó, fruto da desintegração de rochas; concentra-se geralmente em praias, rios e desertos.

A.RE.NA
s.f. Espaço central dos antigos circos romanos, coberto de areia, destinado à luta dos gladiadores e feras; atualmente, área onde se exibe o pessoal do circo.

AR.GU.MEN.TO
s.m. Prova que serve para afirmar ou negar um fato.

A.RIS.TO.CRA.CI.A
s.f. 1. Classe social dos nobres; nobreza. 2. Forma de governo em que o poder é exercido por um grupo de pessoas privilegiadas.

A.RIT.MÉ.TI.CA
s.f. Parte da matemática que estuda os cálculos numéricos (adição, subtração, multiplicação, divisão, etc.).

AR.MA.DI.LHA
s.f. 1. Qualquer artifício ou laço para apanhar caça. 2. Maneira esperta de enganar alguém; emboscada, cilada, mentira.

AR.MA.DU.RA
s.f. Vestimenta de guerra dos antigos guerreiros.

A.RO.MA
s.m. 1. Cheiro agradável de certas substâncias. 2. Perfume, fragrância.

AR.PÃO
s.m. Peça de ferro com formato de seta que se usa na pesca de peixes grandes e baleias.

AR.QUE.O.LO.GI.A
s.f. Estudo das velhas civilizações, a partir dos monumentos e demais testemunhos não escritos.

AR.QUI.PÉ.LA.GO
s.m. Coletivo de ilhas próximas.
O território japonês é formado por um imenso arquipélago.

AR.QUI.TE.TU.RA
s.f. 1. Arte de projetar e construir edifícios, prédios, etc. 2. Conjunto de construções que caracterizam uma época, um povo, uma cultura ou um lugar.

AR.RE.PIO
s.m. Rápido tremor involuntário; estremecimento, calafrio.

AR.RIS.CAR
v. 1. Pôr(-se) em ou expor(-se) a risco ou perigo; aventurar(-se). 2. Oferecer(-se) ao arbítrio do bom ou mau sucesso.
Minha avó costumava me dizer: – Quem não arrisca, não petisca.

AR.RIT.MI.A
s.f. 1. Perturbação ou irregularidade do ritmo. 2. Desigualdade e perturbação dos batimentos cardíacos.

AR.RO.GÂN.CIA
s.f. 1. Qualidade ou atitude de arrogante. 2. Ato ou efeito de atribuir a si mesmo direitos, poderes ou privilégios. 3. Desprezo com relação aos outros.

AR.ROZ
(ô) *s.m.* 1. Planta que produz grãos comestíveis, cultivada em alagados. 2. Grão produzido por essa planta.

AR.TE
s.f. 1. Resultado de expressões criativas de um artista para transmitir sua inteligência, sensações e sentimentos através da música, pintura, literatura, etc. 2. Talento.

AR.TÉ.RIA
s.f. Canal que transporta sangue do coração para o resto do corpo.

AR.TI.FI.CI.AL
adj. 1. Produzido pela arte ou pela indústria; fabricado. 2. Que não é natural; que envolve artifício.

AR.TIS.TA
s.2gên. 1. Aquele que revela sentimento artístico. 2. Indivíduo que se dedica às belas-artes. 3. Indivíduo que tem talento.

A.SA
s.f. Cada um dos dois membros superiores das aves, compostos por penas, servem para os pássaros voarem, para as galinhas se locomoverem e para os pinguins nadarem.

AS.CEN.DÊN.CIA
s.f. 1. Movimento para cima; subida. 2. Origem, genealogia de um indivíduo. 3. Influência; predomínio que se exerce sobre alguém.

AS.MA
s.f. Doença caracterizada por crises repetidas de falta de ar, com respiração ruidosa, tosse seca e sensação de aperto no peito.

AS.PI.RAR
v. 1. Atrair por sucção. 2. Inalar, inspirar.
Daniel aspirou o ar da cidade e pôde sentir a poluição entrando por seu nariz.

AS.SO.AR
v. Soprar o ar pelo nariz para expelir a secreção; limpar-se do muco nasal.

AS.SO.BI.O
s.m. Som agudo produzido pela passagem do ar através dos lábios.

AS.SOM.BRA.ÇÃO
s.f. 1. Medo causado por algo inexplicável ou desconhecido. 2. Aparição imaginária; fantasia.

AS.TE.CA
adj. 1. Relativo aos astecas. / *s.m.* 2. Indivíduo do povo que dominava o México antes da conquista espanhola.

AS.TRO
s.m. Qualquer corpo que existe no espaço, como estrelas, planetas, cometas, etc.

AS.TRO.NAU.TA
s.2gên. Pessoa treinada para viajar ao espaço, pilotando uma nave espacial.

AS.TRO.NO.MI.A
s.f. Ciência que estuda a forma, a posição e o movimento dos astros.

A.TA.LHO
s.m. 1. Passagem ou caminho mais curto. 2. Estrada que se desvia da estrada comum encurtando a distância.

A.TE.ÍS.MO
s.m. Linha de pensamento que nega a existência de qualquer divindade e de uma vida espiritual.

A.TI.TU.DE
s.f. 1. Postura expressiva do corpo; posição, pose. 2. Modo de agir. *A atitude de Malu foi entendida como uma audácia pelo diretor.*

A.TLAS
s.m. Livro que contém uma coletânea de mapas ou cartas geográficas.

A.TLE.TA
s.2gên. Pessoa que pratica esportes.

AT.MOS.FE.RA
s.f. 1. Camada de gases que envolve um planeta. 2. Camada de ar que envolve a Terra. 3. Céu.

A.TU.A.LI.DA.DE
s.f. 1. O tempo presente. 2. Notícias atuais.

AU.DÁ.CIA
s.f. 1. Impulso que leva uma pessoa a praticar ações difíceis, ignorando os perigos; coragem, ousadia. 2. Falta de respeito; atrevimento, insolência.

AU.DI.ÇÃO
s.f. 1. Sentido pelo qual se percebem os sons. 2. Apresentação pública de obra musical ou teatral.

AU.RÉ.O.LA
s.f. 1. Círculo brilhante colocado sobre a cabeça de imagens de santos. 2. Brilho, esplendor moral; prestígio.

AU.RO.RA
s.f. Claridade que precede o nascer do Sol.

AU.TIS.MO
s.m. Fenômeno no qual um indivíduo se desliga da realidade exterior e cria mentalmente um mundo próprio e autônomo.

AU.TO.ES.CO.LA
s.f. Escola em que se aprende a dirigir automóveis.

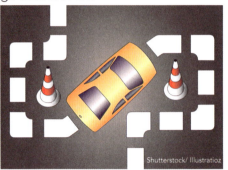

AU.TO.ES.TI.MA
s.f. Valorização de si mesmo, amor-próprio.
É importante não deixarmos comentários maldosos afetar nossa autoestima.

AU.TÓ.GRA.FO
s.m. Assinatura de pessoa famosa ou autor.

AU.TO.NO.MI.A
s.f. 1. Independência, liberdade. 2. Capacidade de governar a si próprio segundo suas próprias leis.

A.VA.LAN.CHE
s.f. Massa de neve e gelo que cai rolando pela encosta de montanhas.

A.VA.RE.ZA
(ê) *s.f.* 1. Apego desmedido a dinheiro. 2. Mesquinhez, pão-durismo.

A.VI.ÃO
s.m. Aparelho mais pesado que o ar e impulsionado por motor; usado para o transporte de passageiros ou mercadorias; aeroplano.

A.VI.Á.RIO
s.m. 1. Viveiro de aves. 2. Local onde se criam ou vendem aves.

A.ZE.DO
adj. 1. De sabor ácido. 2. Estragado.

A.ZI.A
s.f. Sensação de queimação causada pela ingestão de alimentos que provocam acidez no estômago.

B

B
(bê) *s.m.* Segunda letra do alfabeto.

BA.BA.DOR
(ô) *s.m.* Pequena peça de pano ou de plástico usada para proteger a roupa de comida ou de saliva.

BA.BAR
v. 1. Derramar saliva. 2. Espumar, salivar. 3. Ficar bobo de alegria, gostar muito, estar apaixonado.

BA.BU.Í.NO
s.m. Espécie de macaco africano de focinho grande e cauda curta.

BA.CA.NA
adj. 1. Algo que é excelente, muito bom. 2. Pessoa muito rica.

BA.DER.NA
s.f. Farra; tumulto; conflito; desordem; bagunça; arruaça.

BA.FO
s.m. Cheiro ruim que sai da boca; mau hálito.
Não gosto de comer cebola, porque sempre fico com bafo.

BA.GA.GEM
s.f. Conjunto de malas e objetos que as pessoas levam quando vão viajar.

BA.GUN.ÇA
s.f. Desordem; confusão; falta de arrumação.

BAI.ÃO
s.m. Canto e dança popular do Nordeste.

BAI.LAR
v. Dançar.

BAI.LA.RI.NA
s.f. Mulher que tem como profissão a dança.

BAI.LE
s.m. Festa ou reunião em que as pessoas dançam.
O garoto teve de aprender a dançar, pois participaria de um baile importante.

BAIR.RO
s.m. Cada parte em que se divide uma cidade.

BAI.XO
adj. 1. De pouca altura. / *s.m.* 2. Instrumento musical.

BA.LA
s.f. 1. Pequeno doce para chupar, feito de açúcar e outras substâncias. 2. Objeto de metal disparado por uma arma de fogo.

BA.LAN.ÇA
s.f. Aparelho usado para medir o peso das coisas.

BA.LÃO
s.m. 1. Dirigível usado como meio de transporte, movido a ar quente. 2. Bola pequena de borracha que se enche com ar para a decoração de festas; bexiga. 3. Bola grande de papel, movida a fogo, que se lança ao ar em festas juninas.

BAL.DE
s.m. Recipiente de metal ou de plástico, com alça, usado para transportar e armazenar líquidos, terra, gelo, etc.

BA.LÉ
s.m. 1. Apresentação artística com vários bailarinos, que mistura a dança, o gesto e a música. 2. Grupo de bailarinos que faz apresentações de balé.

BA.LEI.A
s.f. Grande mamífero que vive nos mares; maior animal do mundo, com corpo semelhante ao de um peixe.

BA.LE.LA
s.f. Mentira, boato.

BAM.BO.LÊ
s.m. Brinquedo de plástico em forma de círculo que gira com o movimento da cintura.

BAM.BU
s.m. Planta com caule redondo, comprido e fino; pode ser usado para fazer bengalas e varas de pesca.

BA.NAL
adj. Comum, fútil.
A garota estava cansada de conversas banais.

BA.NA.NA
s.f. 1. Fruto da bananeira. 2. Carga de dinamite em cartuchos.

BAN.CO
s.m. 1. Assento comprido e estreito. 2. Local em que se guarda dinheiro.

BAN.DA
s.f. 1. Grupo de músicos que cantam e tocam juntos. 2. Um dos lados de alguma coisa.

BAN.DEI.RA
s.f. Peça de pano, geralmente retangular, com as cores e, às vezes, legendas e/ou símbolos representativos de uma nação, instituição, agremiação, etc.; estandarte.

BAN.DE.JA
s.f. Peça de metal, madeira ou plástico, utilizada para carregar copos, pratos, xícaras, etc.

BAN.DI.DO
s.m. Pessoa que cometeu algum crime.

BAN.DO
s.m. Grupo de pessoas ou animais; multidão.

BAN.GUE.LA
adj. Quem não tem um ou mais dentes na boca.

BA.NHEI.RA
s.f. Grande recipiente de metal, louça, fibra, etc., que se enche de água e no qual se pode sentar ou deitar o corpo e banhá-lo, para fins higiênicos ou terapêuticos.

BA.NHEI.RO
s.m. Local com vaso sanitário, pia e espaço para tomar banho.

BA.NHO
s.m. Ato de higiene para limpar o corpo com água e sabonete, ou o ato de molhar o corpo como forma de lazer.
Tomei um banho de mar para relaxar.

BA.RA.LHO
s.m. Coleção de 52 cartas distribuídas em naipes que servem para jogar.

BA.RA.TA
s.f. Inseto de corpo achatado e oval e antenas compridas.

BA.RA.TO
adj. Produto ou serviço que não é caro; que tem preço baixo.

BAR.CO
s.m. Embarcação de qualquer tamanho ou tipo, movida a remo ou motor, que navega pelo rio ou mar.

BAR.RA.CA
s.f. Abrigo de plástico, ou tecido, desmontável para acampamentos, feiras, etc.; tenda; cabana.

BAR.RAR
v. 1. Impedir a passagem, o avanço.
2. Impedir a participação.

BAR.RI.GA
s.f. Abdome, ventre.

BAR.RO
s.m. Argila; mistura de terra e água; lama.

BA.RU.LHO
s.m. Som muito alto, estrondo.

Shutterstock/ Grmarc

BAS.QUE.TE.BOL
s.m. Jogo disputado por duas equipes, cada uma com cinco jogadores, que tentam fazer com que a bola entre na cesta para obter o maior número de pontos.

BAS.TAN.TE
adj. 1. Que basta; que é suficiente ou que satisfaz. / s.m. 2. Aquilo que é suficiente, satisfatório. / adv. 3. Em grande quantidade, muito.
Sinto-me bastante cansado hoje.

BA.TA.LHA
s.f. 1. Confronto armado, relativamente extenso, entre forças militares inimigas. 2. Luta.

BA.TA.TA
s.f. Raiz comestível, rica em amido, que pode ser preparada assada, cozida ou frita.

BA.TE.DEI.RA
s.f. Eletrodoméstico usado para bater e misturar diversos ingredientes; funciona com duas pás que giram em alta velocidade.

BA.Ú
s.m. Caixa grande com tampa, usada para guardar bagagens, roupas de camas, etc.

BAU.NI.LHA
s.f. Essência aromática extraída das plantas do gênero Vanilla.

BÊ-Á-BÁ
s.m. Abecedário, alfabeto.

BE.BÊ
s.2gên.
Neném,
criança
pequena.

Shutterstock/ Jinpat

BE.BER
v. Engolir ou ingerir líquidos.

BEI.JA-FLOR
s.m. Nome que se dá a pequenas aves de bico alongado, plumagem colorida e que podem ficar paradas no ar batendo as asas, que se alimentam do néctar das flores e de insetos.

BEI.JO
s.m. Ato de tocar com os lábios em alguém ou em alguma coisa, em sinal de carinho.
A moça deu um beijo no namorado que estava indo viajar.

BEI.SE.BOL
s.m. Jogo popular nos Estados Unidos, em que a bola é arremessada a um jogador que deve rebatê-la com um bastão e tentar dar uma volta completa pelo campo.

BE.LI.CHE
s.m. Duas camas, uma acima da outra, montadas em uma estrutura.

BE.LO
adj. e *s.m.* Que tem beleza; bonito, lindo.

BEM
adv. 1. De modo bom e certo. 2. Com saúde. / *s.m.* 3. O que é bom para alguém.

BEM-ES.TAR
s.m. Estado físico em que se sente bem, confortável.

BEM-TE-VI
s.m. Pássaro muito comum em todo o Brasil; pequeno, come insetos e tem o peito amarelo.

BEN.GA.LA
s.f. Bastão de madeira geralmente usado por pessoas com dificuldade de caminhar, para apoiar o corpo.

BER.ÇO
s.m. Cama para bebês ou crianças muito pequenas.

BE.RIM.BAU
s.m. Instrumento musical de percussão, de origem africana, utilizado para dar ritmo a uma luta de capoeira.

BE.RIN.JE.LA
s.f. Fruto de cor roxa quase preta, de forma oval, muito usado na alimentação humana.

BES.TEI.RA
s.f. Bobagem, algo que se faz sem pensar, coisa sem importância.

BE.TER.RA.BA
s.f. Raiz comestível, rica em açúcar e de coloração vermelho-vinho.

BI.BLI.O.TE.CA
s.f. 1. Lugar onde se guardam coleções de livros para uso. 2. Estabelecimento onde se disponibilizam livros para consulta ou empréstimo.

BI.CA
s.f. Pequeno cano em que corre água; chafariz, fonte (água potável).

BI.CHO
s.m. Qualquer animal.
Tinha um bicho na minha cama.

BI.CI.CLE.TA
s.f. Meio de transporte leve, de duas rodas, movido a pedal.

BI.FE
s.m. Fatia de carne frita, cozida ou grelhada.

BI.JU.TE.RI.A
s.f. Objeto que se usa como enfeite, feito com metal e pedras sem valor.

BI.LHE.TE
s.m. 1. Mensagem escrita, com pouco texto, destinada a alguém. 2. Pedaço de papel que se compra para entrar em cinemas, teatros, etc.; ingresso 3. Passagem que se compra para utilizar transportes coletivos.

BI.LÍN.GUE

adj. Que fala duas línguas; escrito em duas línguas.

Para a aula de espanhol, o professor pediu que levássemos um dicionário bilíngue.

BI.MES.TRE

s.m. Período de dois meses.

BIN.GO

s.m. Jogo com cartões com números e letras, que devem ser preenchidos à medida que forem sorteados.

BI.NÓ.CU.LO

s.m. Objeto com duas lentes de aumento que permitem observar melhor coisas que estão longe.

BI.O.DI.VER.SI.DA.DE

s.f. A variedade de espécies de animais e plantas de uma região.

BI.O.GRA.FI.A

s.f. História da vida de uma pessoa.

BI.O.LO.GI.A

s.f. Ciência que estuda os seres vivos.

BÍ.PE.DE

adj. e *s.m.* Animais que andam em dois pés.

BI.QUÍ.NI

s.m. Roupa de banho feminina composta por duas peças, geralmente usada em praias e piscinas.

BIR.RA

s.f. Teimosia, insistência, pirraça.

BI.SA.VÓ

s.f. Mãe do avô ou da avó.

BIS.NA.GA

s.f. 1. Tubo que contém qualquer substância pastosa. 2. Tipo de pão comprido e roliço.

BIS.NE.TO

s.m. Filho de neto ou de neta.

BIS.SEX.TO

adj. Ano que tem 366 dias; ocorre de quatro em quatro anos.

BLE.FAR
v. 1. Fingir durante um jogo de cartas. 2. Enganar.

BLO.G
s.m. Palavra de origem inglesa. Página pessoal ou coletiva na internet, com conteúdo livre e, geralmente, pessoal; blogue.

BLO.QUE.AR
v. Impedir o movimento ou a circulação de; interditar.

BLU.SA
s.f. Peça do vestuário, de tecido leve, que cobre o corpo do pescoço à cintura.

BO.A.TO
s.m. Notícia divulgada sem confirmação; balela.
Aquela notícia que vimos na internet não passava de um boato.

BO.BA.GEM
s.f. 1. Tolice, asneira. 2. Coisa de pouca importância.

BO.CA
s.f. Parte do rosto que contém a língua e os dentes.

BO.CE.JO
s.m. Ato de abrir a boca sem querer, com aspiração seguida de expiração longa de ar, ocorrendo em razão de sono, cansaço ou preguiça.

BO.CHE.CHA
s.f. Parte saliente e carnuda de cada lado do rosto.

BO.DAS
s.f. Festa para celebrar o aniversário de um casamento.

BO.DE
s.m. Mamífero de quatro patas, chifres e barba; macho da cabra.

BO.FE.TA.DA
s.f. Pancada dada, geralmente, no rosto.

BOI
s.m. Mamífero de quatro patas e grande porte, utilizado para alimentação ou serviços pesados; macho da vaca.

BOI.A
s.f. 1. Objeto que flutua na água, usado para evitar que as pessoas afundem enquanto estão dentro da água. 2. Refeição, comida.

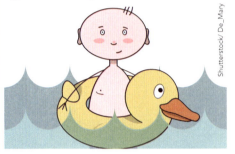

BO.LA
s.f. Objeto redondo, cheio ou inflado de ar, usado como brinquedo ou na prática de esportes.

BO.LA.CHA
s.f. 1. Alimento achatado e seco, de farinha. 2. Bofetada.

BO.LI.CHE
s.m. Jogo no qual se joga uma bola em direção a um grupo de pinos, tentando derrubá-los.

BO.LO
s.m. Massa feita de farinha com açúcar, manteiga e ovos, assada no forno e finalizada com coberturas e recheios de diversos sabores.

BO.LOR
s.m. Tipo de fungo muito comum em produtos orgânicos.
Depois de três dias, o pão estava cheio de bolor.

BOL.SA
s.f. 1. Tipo de sacola em que se carrega dinheiro, documentos, celular, etc. 2. Quantia de dinheiro que é dada aos estudantes ou pesquisadores, que não têm condições de pagar uma escola ou uma faculdade.

BOM
adj. 1. Aquele que pratica o bem. 2. Que faz o bem; benévolo; beneficente.

BOM.BA
s.f. 1. Dispositivo que contém substância explosiva e provoca danos ou destruição. 2. Doce recheado de creme. 3. Aparelho usado para encher pneus.

BOM.BEI.RO
s.m. Pessoa treinada para apagar incêndios e socorrer vítimas em acidentes.

BOM.BOM
s.m. Doce de chocolate com algum recheio.

BON.DE
s.m. Veículo elétrico que se move sobre trilhos e serve para transporte de passageiros.

BO.NÉ
s.m. Chapéu arredondado e com uma aba sobre a testa, geralmente usado para proteger do Sol.

BO.NE.CA
s.f. Brinquedo ou objeto de decoração em forma de mulher ou criança.

BO.NI.TO
adj. Que é agradável de se ver ou ouvir; belo.

BOR.BO.LE.TA
s.f. Inseto que, após passar por uma metamorfose, deixa de ser uma lagarta e ganha asas coloridas e aveludadas.

BOR.BU.LHAR
v. Produzir bolhas ou gotas sucessivas; efervescer; ferver.

BOR.DA.DO
s.m. 1. Trabalho artístico feito em tecido usando agulha e linha. / *adj.* 2. Algo que foi bordado.

BOR.RA.CHA
s.f. 1. Material obtido pelo endurecimento do látex, uma substância extraída de muitas plantas tropicais. 2. Pedaço de borracha para apagar traços de lápis.

BO.TÂ.NI.CA
s.f. Ciência que estuda as plantas.

BO.TE
s.m. 1. Barco pequeno. 2. Ataque, investida.

BO.TO
(ô) *s.m.* Pequeno mamífero marinho ou de água doce, semelhante a um golfinho.

BO.VI.NO
adj. e *s.m.* Que se refere ao boi; da espécie do boi.
Parei de comer carne bovina por problemas de saúde.

BO.XE
s.m. 1. Luta esportiva em que se ataca o adversário com socos, usando luvas, seguindo regras. 2. Espaço no banheiro onde fica o chuveiro, separado por porta ou cortina de plástico.

BRA.ÇO
s.m. 1. Cada um dos membros superiores do corpo humano, que vai do ombro até a mão. 2. Apoio para o antebraço em cadeiras, poltronas, etc. 3. Porção de mar ou de rio entre terras.

BRAI.LE
s.m. Sistema de escrita com pontos em relevo, que representam as letras, os números e alguns sinais, que permite às pessoas com deficiência visual lerem com as pontas dos dedos.

BRAN.CO
s.m. 1. Cor da neve, do leite e da casca do ovo. 2. Pálido. 3. Perda momentânea da memória.
Na hora da prova me deu um branco e não consegui responder a uma questão.

BRA.SA
s.f. Carvão aceso, mas sem chamas.

BRA.VO
adj. 1. Corajoso, valente, que não teme o perigo. 2. Irritado, furioso, irado.

BRE.VE
adj. 1. Que dura pouco, rápido; curto; resumido. / *adv.* 2. Em breve, em pouco tempo.

BRI.GA.DEI.RO
s.m. 1. Quem comanda uma brigada. 2. Doce feito com leite condensado e chocolate; muito comum em aniversários.

BRI.GAR
v. 1. Lutar, combater braço a braço; disputar. 2. Não concordar; discutir.

BRIN.DE
s.m. 1. Saudação a alguém, acompanhada de bebida. 2. Objeto que se oferece; presente.

BRIN.QUE.DO

s.m. Objeto que as crianças usam para se divertir.

BRI.O.CHE

s.m. Pãozinho feito com farinha, manteiga e ovos.

BRI.SA

s.f. Vento fraco que pode vir do mar para a terra ou da terra para o mar.

BRI.TA.DEI.RA

s.f. Máquina usada para quebrar pedras, concreto, etc.

BRO.TAR

v. Nascer de uma planta; desabrochar; germinar.

BRU.TO

adj. 1. Que está da forma que se encontra na natureza. 2. Que ainda não foi trabalhado. 3. Grosseiro, rude, estúpido.

BRU.XA

s.f. 1. Mulher que, supostamente, pratica bruxarias; feiticeira. 2. Mariposa noturna.

BU.CHA

s.f. 1. Peça colocada dentro de um furo na parede para fixar parafusos. 2. Objeto usado como esfregão no banho ou para lavar louça.

BU.EI.RO

s.m. 1. Cano ou tubo para escoamento de esgoto. 2. Buraco no muro ou cano subterrâneo nas estradas para escoamento das águas da chuva.

BÚ.FA.LO

s.m. Mamífero bovino selvagem, de chifres achatados.

BU.LA

s.f. Papel com as informações necessárias para o uso de um medicamento.
Antes de começar a tomar o remédio, ela leu a bula.

BUL.DO.GUE

s.m. Raça de cachorro que tem a cabeça grande e arredondada e o corpo enrugado

BU.LE
s.m. Jarra em que se ferve café, chá, leite, etc.

BULLYING
(bulin) *s.m.* Violência física ou psicológica feita a alguém mais fraco, tímido ou incapaz de se defender; geralmente ocorre em ambiente escolar.
O garoto sofria bullying na escola por ser diferente dos colegas.

BU.QUÊ
s.m. Ramo ou arranjo de flores; ramalhete.

BU.RA.CO
s.m. 1. Furo no chão ou em qualquer superfície. 2. Nome de um jogo com cartas de baralho.

BUR.RI.CE
s.f. Falta de inteligência; bobagem, tolice.

BUR.GUE.SI.A
s.f. Classe social formada por pessoas que possuem uma situação econômica cômoda; classe média.

BUR.RO
s.m. 1. Animal de quatro patas menor que o cavalo; resultante do cruzamento da égua com o jumento ou da jumenta com o cavalo. 2. Pessoa pouco inteligente.

BUS.CA-PÉ
s.m. Peça de fogo de artifício que corre no chão, ziguezagueando, e termina em um estrondo.

BUS.CAR
v. 1. Descobrir ou encontrar; procurar. 2. Trazer. 3. Procurar obter, conseguir.

BÚS.SO.LA
s.f. Instrumento que ajuda a se localizar, composto por uma agulha que aponta sempre para o norte.

BU.ZI.NA
s.f. Instrumento usado em transportes para chamar a atenção de algo ou alguém por meio de um barulho.

C

C
(cê) *s.m.* Terceira letra do alfabeto.

CA.A.TIN.GA
s.f. 1. Vegetação típica de algumas regiões, de clima quente e seco, com plantas espinhosas e cactos. 2. Área onde predomina essa vegetação.

CA.BA.NA
s.f. Casa rústica, geralmente localizada no campo, feita de madeira e folhagens.
Vamos passar o feriado em uma cabana nas montanhas.

CA.BE.ÇA
s.f. Parte superior do corpo humano, onde estão localizados o cérebro e órgãos, como os olhos, o nariz, a boca e as orelhas.

CA.BE.ÇA.LHO
s.m. Conjunto de informações localizadas na parte de cima de cada uma das páginas ou seções de um documento, livro ou publicação.

CA.BE.LEI.REI.RO
s.m. 1. Profissional que corta, penteia e trata cabelos de outras pessoas. 2. Local de trabalho do cabeleireiro.

CA.BE.LO
s.m. Pelos que recobrem a cabeça ou qualquer outra parte do corpo humano.

CA.BI.DE
s.m. Suporte para pendurar chapéu, roupa, etc.

CA.BRA
s.f. 1. Mamífero ruminante. 2. Fêmea do bode; cabrita.

CA.BRES.TO
(ê) *s.m.* 1. Peça colocada na cabeça do animal para guiá-lo. 2. Boi manso que serve de guia aos touros.

CA.ÇAR
v. 1. Perseguir para abater. 2. Catar; procurar; buscar. 3. Colher, recolher.

CA.CHE.COL
s.m. Manta longa e estreita para proteger e agasalhar o pescoço.

CA.CHOR.RO
s.m. Mamífero carnívoro de quatro patas, que geralmente se cria como animal de estimação; cão.

CA.ÇU.LA
s.2gên. O filho ou o irmão mais novo.

CA.DAR.ÇO
s.m. Cordão comprido usado para amarrar o sapato.

CA.DEI.RA
s.f. 1. Assento com costas para uma pessoa sentar. 2. Lugar ocupado por um membro de organização científica, política ou literária.

CA.DER.NO
s.m. Conjunto de folhas de papel presas por grampos ou arame, em formato de livro, para uso escolar.

CA.FU.NÉ
s.m. Carinho na cabeça afago.
Sempre durmo quando minha mãe me faz um cafuné.

CAI.XA
s.f. 1. Recipiente para guardar ou transportar objetos. 2. Seção de um banco ou casa comercial, em que se fazem os recebimentos e os pagamentos.

CA.JU
s.m. Fruto do cajueiro, rico em vitamina C, do qual se extrai a castanha-de-caju.

CA.MA
s.f. Móvel com colchão sobre o qual se deita e/ou dorme.

CA.MA.RÃO
s.m. Nome comum a alguns crustáceos de água doce ou salgada.

56

CA.MI.NHA.DA
s.f. 1. Ação de caminhar. 2. Jornada ou passeio a pé. 3. Longo percurso.

CA.MI.NHÃO
s.m. Veículo apropriado para transportar cargas pesadas.

CA.NE.CA
s.f. Espécie de copo com asa, geralmente usada para tomar bebidas quentes.

CA.NHO.TO
(ô) *adj.* Quem usa mais a mão esquerda para fazer as coisas, como escrever, desenhar, etc.

CA.NO
s.m. 1. Tubo para passagem de líquidos e gases. 2. Parte da bota que cobre a perna.

CANOA
s.f. Pequena embarcação movida a remo.

CAN.TAR
v. Produzir com a voz sons ritmados e musicais e frases melódicas.

CA.PA.CE.TE
s.m. Peça resistente que protege a cabeça durante a prática de esportes, a condução de alguns veículos ou a realização de alguns tipos de trabalho.

CA.PIM
s.m. Nome de várias plantas que servem de pasto para animais, como vacas, bois e cavalos; grama; relva.

CA.PÍ.TU.LO
s.m. Cada uma das divisões principais de um livro, de um tratado ou de uma lei.
O livro estava tão interessante que li cinco capítulos em uma hora.

CA.PUZ
s.m. Cobertura para a cabeça, geralmente presa ao casaco.

CA.QUI
s.m. Fruto do caquizeiro, de cor avermelhada e sabor doce.

CA.RA.ME.LO
s.m. Calda de açúcar queimado.

CA.RAN.GUE.JO
s.m. Crustáceo encontrado nos mangues e nos rios.

CA.RÁ.TER
s.m. 1. Personalidade, temperamento, índole. 2. Característica. 3. Honestidade.

CAR.DU.ME
s.m. 1. Conjunto de peixes. 2. Aglomeração.

CA.RE.CA
adj. e *s.2gên.* 1. Quem não tem cabelos. / *s.f.* 2. Parte da cabeça que não tem cabelos.

CA.REN.TE
adj. Que carece, precisa, necessita. *Maria está carente, ela precisa de um abraço!*

CA.RÍ.CIA
s.f. Manifestação física de afeto; carinho.

CA.RI.DA.DE
s.f. 1. Ação que ajuda outra pessoa; bondade, compaixão. 2. Doação ou ajuda que se dá aos pobres.

CA.RI.NHO
s.m. Afago, cuidado, afeição.

CAR.NI.ÇA
s.f. 1. Carne podre de animal morto. 2. Jogo infantil no qual uma criança pula sobre as costas de outras crianças que estão abaixadas em fila.

CAR.PE.TE
s.m. Tapete que forra ou cobre o chão de uma parte da casa.

CAR.RO
s.m. 1. Veículo de rodas, para transporte de pessoas ou carga; veículo automóvel. 2. Vagão, nas estradas de ferro.

CAR.TA
s.f. 1. Cada uma das peças do jogo de baralho. 2. Mensagem que se escreve em papel, fechada em envelope, que se envia a alguém pessoalmente ou pelo correio.

CAR.TAZ
s.m. 1. Papel grande, com algum anúncio, que se fixa em local público. 2. Popularidade, prestígio, notoriedade.
O professor tem muito cartaz entre seus alunos.

CAR.TEI.RO
s.m. Funcionário do correio que distribui as cartas nas casas.

CAR.TO.LA
s.f. Chapéu masculino alto e arredondado.

CA.SA.CO
s.m. Peça do vestuário para agasalhar o corpo, de mangas longas e que pode ser fechada na frente.

CAS.CA
s.f. Camada externa fina que envolve as plantas, os frutos, os ovos, as sementes, etc.

CAS.TE.LO
s.m. 1. Grande residência protegida por muros ou torres, habitada por reis e rainhas. 2. Palácio.

CA.TA-VEN.TO
s.m. 1. Aparelho que indica a velocidade e a direção do vento. 2. Mecanismo que usa a força do vento para retirar água de poços.

CA.TI.VAR
v. 1. Tornar(-se) cativo. 2. Ganhar a simpatia de alguém. 3. Atrair; encantar, seduzir.

CAU.LE
s.m. Tronco das plantas.

CA.VA.LEI.RO
adj. 1. Que anda a cavalo. / *s.m.* 2. Homem montado ou que sabe andar a cavalo.

CA.VA.LO
s.m. Animal doméstico que serve de montaria, na tração de carruagens e nos trabalhos agrícolas.

CE.BO.LA
s.f. Planta usada como tempero em várias comidas.

CÉ.LU.LA
s.f. Estrutura microscópica que forma os organismos de todo ser vivo.

CE.GO.NHA
s.f. Grande ave que tem pernas longas, bico comprido e vermelho, plumas brancas e parte das asas preta.

CE.LE.BRA.ÇÃO
s.f. 1. Ato ou efeito de celebrar. 2. Comemoração.

CE.RE.AL
adj. Relativo a grão, como trigo, arroz, cevada, milho, etc.
O cereal é uma opção saudável para o café da manhã.

CE.RE.JA
s.f. Fruto da cerejeira, doce e vermelho, muito usado na confecção de doces e bolos.

CHA.FA.RIZ
s.m. Fonte de água com várias bicas, que funciona como bebedouro ou para fornecimento público de água.

CHA.LÉ
s.m. Casa de campo feita de madeira, em estilo suíço.

CHA.LEI.RA
s.f. Vasilha de metal, com bico, alça e tampa, na qual se aquece água.

CHA.PÉU
s.m. Acessório de palha, ou de outro material, para a cabeça, usado geralmente para proteger o rosto do Sol.

CHA.RA.DA
s.f. 1. Espécie de pegadinha, na qual se deve adivinhar a palavra seguindo a descrição dada. 2. Linguagem confusa, adivinhação.

CHIM.PAN.ZÉ
s.m. Macaco africano que tem corpo peludo, braços muito longos e pernas curtas.

CHU.CHU
s.m. 1. Planta trepadeira de fruto verde e comestível; chuchuzeiro. 2. Fruto dessa planta.

CHUR.RAS.CO
s.m. Carne assada sobre brasas ou grelhas.

CHU.TEI.RA
s.f. Calçado apropriado para a prática do futebol.

CI.CLO
s.m. Sequência de acontecimentos que ocorrem em ordem determinada.

CI.DA.DÃO
s.m. Morador de uma cidade; aquele que usufrui dos direitos civis e políticos de um Estado.
Votar é um direito e dever de todo cidadão.

CI.DA.DE
s.f. Parte central, centro comercial e financeiro de uma povoação.

CI.EN.TIS.TA
s.2gên. Pessoa que cultiva alguma ciência ou se dedica a estudos científicos.

CI.GAR.RA
s.f. Nome comum a vários insetos conhecidos pelo canto gritante e contínuo dos machos.

CI.MA
s.f. 1. A parte mais elevada. 2. Topo.

CIN.TO
s.m. Faixa que cerca a cintura com uma só volta, que segura as calças; cinta.

CIS.NE
s.m. Ave aquática da família dos gansos, de pescoço longo e patas curtas.

CIS.MA
s.f. 1. Ideia que não sai da cabeça. 2. Dúvida, inquietação.

CLAS.SE
s.f. 1. Grupo de pessoas, animais ou coisas com características semelhantes. 2. Sala de aula.

CO.BRA
s.f. Nome comum dado aos répteis sem patas, rastejantes; serpente.

CO.CO
s.m. O fruto do coqueiro, que, quando verde, produz a água de coco e, quando maduro, uma polpa branca muito usada na fabricação de doces, balas, bebidas, etc.

CO.E.LHO
s.m. Mamífero roedor, que pode ser selvagem ou doméstico.

CO.E.RÊN.CIA
s.f. 1. Estado ou qualidade daquilo que faz sentido. 2. Ligação entre fatos ou ideias; acordo.

CO.LA
s.f. 1. Substância grudenta usada para colar papéis, madeiras e outros materiais. 2. Ato de copiar em uma prova.
O professor pegou a cola do aluno e o puniu com uma nota negativa.

CO.LHEI.TA
s.f. 1. Ato de colher, principalmente produtos agrícolas; tirar da terra. 2. O conjunto dos produtos colhidos em determinada época.

COM.PU.TA.DOR
s.m. Aparelho eletrônico capaz de efetuar operações sem a influência de um operador humano durante seu funcionamento.

CON.CHA
s.f. 1. Casca que envolve alguns moluscos. 2. Colher grande e funda de cabo longo.

CON.FE.TE
s.m. 1. Pedacinhos redondos de papel colorido que as pessoas jogam umas nas outras. 2. Elogio, adulação.

CONS.TE.LA.ÇÃO
s.f. Grupo de estrelas.

CON.VI.TE
s.m. 1. Ato de convidar; convocação; chamada; solicitação para que alguém esteja presente em certo evento ou ocasião. 2. Cartão ou papel no qual se convida alguém.

CO.RA.ÇÃO
s.m. 1. Órgão responsável pela circulação do sangue. 2. Objeto em forma de coração. 3. Amor, afeto, sentimento.

CO.RA.GEM
s.f. 1. Força ou energia moral diante do perigo. 2. Ousadia, bravura.

COR.DA
s.f. Entrançado de vários fios, para muitas utilidades.

CO.RU.JA
s.f. Nome comum a várias aves de caça, carnívoras, geralmente noturnas; tem olhos grandes e é capaz de girar quase totalmente a cabeça.

CRE.CHE
s.f. Instituição que cuida de crianças pequenas enquanto os pais trabalham.

CRE.DEN.CI.AL
adj. 1. Que concede crédito, autoridade. / s.f. 2. Cartão de identificação que autoriza entrada e participação em eventos.

CREN.ÇA

s.f. 1. Fato de acreditar em algo ou alguém. 2. Aquilo em que se acredita, com fé e convicção. 3. Fé religiosa.

CRE.PE

s.m. 1. Tecido leve, fino e ondulado. 2. Panqueca de massa fina.

CRE.PÚS.CU.LO

s.m. Claridade entre o pôr do sol e a noite e entre a noite e o nascer do Sol.

CRI.AN.ÇA

s.f. Ser humano que ainda não cresceu totalmente; que ainda está na infância.

CRO.CHÊ

s.m. Tecido rendado à mão feito com uma agulha que possui um gancho na ponta.

CU.LI.NÁ.RIA

s.f. Arte de cozinhar.

Cada país tem a sua culinária típica, de acordo com a mistura da cultura e dos ingredientes encontrados na região.

CUR.SO

s.m. 1. Ato de correr; carreira, movimento rápido. 2. Caminho, direção, percurso, rota, seguimento, trajetória. 3. Comprimento de um rio. 4. Ciclo da formação escolar ou universitária.

CUR.TO

adj. 1. De comprimento pequeno. 2. De pouca duração; breve. 3. Limitado; pouco; resumido.

CUS.CUZ

s.m. 1. Doce cozido feito de tapioca, farinha de milho, leite de coco e açúcar. 2. Prato salgado preparado com farinha de milho, ovos cozidos, peixe e legumes.

D

D
(dê) *s.m.* Quarta letra do alfabeto.

DA.DO
adj. 1. Algo que foi concedido; de graça. / *s.m.* 2. Pequeno cubo com seis faces marcadas cada uma com um número (ou pontos) de um a seis, usado em jogos de tabuleiro.

DÁL.MA.TA
adj. e s.2gên. Cão de grande porte, de pelo curto, branco, com pintas pretas ou castanhas.

DAL.TO.NIS.MO
s.m. Defeito visual que impede o indivíduo de diferenciar certas cores, como o vermelho e o verde.

DA.MAS
s.f. pl. Jogo para dois jogadores, com 24 peças distribuídas em um tabuleiro com 64 casas, em que o objetivo é roubar o maior número de peças do adversário.

DA.NA.DO
adj. 1. Furioso, zangado, irado. 2. Disposto, esperto, travesso, bagunceiro.
Pedro é danado, enquanto não leva uma bronca, não sossega.

DAN.ÇA
s.f. Sequência de movimentos e passos que acompanham o ritmo de uma música.

DAN.ÇA.RI.NA
s.f. 1. Mulher que tem como trabalho a dança; bailarina. 2. Mulher que dança bem.

DAR.DO
s.m. Espécie de lança pequena que se arremessa a um quadro para marcar pontos, possui uma ponta aguda de ferro.

DE.BA.TE
s.m. 1. Troca de opiniões. 2. Discussão entre pessoas que possuem opiniões diferentes sobre determinado assunto.

DE.BU.TAN.TE

adj. e *s.2gên.*
1. Que se inicia na vida social. / *s.f.* 2. Moça que está completando 15 anos de idade.

DE.CEP.ÇÃO

s.f. Sentimento de tristeza ou desapontamento quando algo não acontece da forma que se esperava.

DE.CO.RA.ÇÃO

s.f. 1. Ação ou efeito de decorar. 2. Enfeite.

DE.DO

(ê) *s.m.* 1. Cada uma das extensões das mãos e dos pés dos humanos e de alguns animais vertebrados. 2. Medida equivalente à grossura de um dedo; medida muito pequena. *Fui ao cabeleireiro e pedi que ele cortasse apenas um dedo do meu cabelo.*

DE.FEI.TO

s.m. Imperfeição de algo, ou alguém, que danifique sua aparência ou tire seu valor.

DE.GRAU

s.m. Cada uma das partes horizontais da escada em que se põe o pé para subir ou descer.

DEI.TAR

v. 1. Colocar alguma coisa ou a si próprio horizontalmente sobre uma superfície. 2. Pôr(-se) na cama para descansar ou dormir.

DE.LE.GA.DO

s.m. 1. Pessoa que representa um país, instituição, órgão ou empresa em reunião, congresso, etc. 2. Chefe de uma delegacia de polícia.

DEN.GO.SO

(ô) *adj.* 1. Manhoso. 2. Diz-se de criança chorona.

DEN.GUE

s.m. Doença infecciosa causada pela picada do mosquito *Aedes aegypti*, alguns dos sintomas são febre alta, dores nos músculos e ossos.

66

DEN.TA.DU.RA
s.f. Dentes artificiais que servem para substituir os dentes naturais.

DEN.TIS.TA
s.2gên. Profissional preparado para tratar das doenças dos dentes; cirurgião-dentista; odontologista; odontólogo.

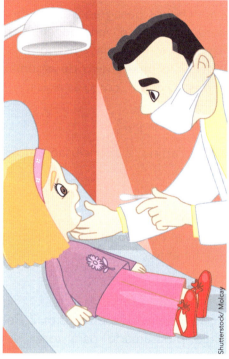

DE.PRES.SA
adv. 1. Com rapidez, agilidade, sem demora. 2. Em pouco tempo.

DER.RE.TER
v. 1. Tornar líquido o que era sólido. 2. Exceder-se na expressão dos sentimentos; desfazer-se em zelos, mimos.
Márcio se derreteu todo quando viu a nova aluna da escola.

DER.RO.TA
s.f. 1. Perda num jogo, competição, etc. 2. Destruição de um exército.

DE.SA.BRO.CHAR
v. 1. Abrir o botão da flor. 2. Principiar, revelar. 3. Desenvolver-se.

DE.SA.FI.O
s.m. 1. Provocar alguém para uma disputa. 2. Prova de competição.

DES.CAL.ÇO
adj. De pés no chão, sem os sapatos.

DES.CAN.SAR
v. 1. Livrar(-se) do cansaço; repousar. 2. Tranquilizar; acalmar. 3. Ficar em repouso.

DES.CAR.TÁ.VEL
adj. 1. Algo que se pode descartar. 2. Objeto que depois de usado pode ser jogado fora.

DES.CUL.PA
s.f. 1. Perdão por erro ou falta cometida. 2. Algo que se inventa para fazer ou não determinada coisa; pretexto, motivo, razão.

DE.SE.JO

(ê) *s.m.* 1. O que se deseja. 2. Vontade, expectativa, ambição.

DE.SE.NHAR

v. Fazer desenho.

DE.SER.TO

adj. 1. Lugar desabitado ou pouco frequentado. / *s.m.* 2. Região árida, de grande extensão, caracterizada pela vegetação pobre.

DES.FI.LE

s.m. 1. Apresentação em que um ou mais grupos de pessoas percorre um trecho se exibindo para a plateia. 2. Marcha militar. 3. Caminhada de modelos sobre a passarela. 4. Exibição de escola de samba.

DES.LUM.BRAN.TE

adj. Algo magnífico, fascinante, luxuoso, admirável.
A modelo estava deslumbrante naquele vestido.

DES.MAI.O

s.m. 1. Perda temporária dos sentidos. 2. Inconsciência, tontura.

DE.SO.BE.DI.EN.TE

adj. Que não obedece.

DE.SO.DO.RAN.TE

s.m. 1. Substância que combate ou evita cheiros desagradáveis. 2. Produto geralmente vendido em perfumarias e farmácias, usado para prevenir o mau cheiro de algumas partes do corpo, como as axilas.

DES.PE.DI.DA

s.f. 1. Partida. 2. Conclusão, encerramento.

DES.PEN.SA

s.f. Local da casa onde se guardam mantimentos.

DES.PER.TA.DOR

(ô) *adj.* 1. Que desperta. / *s.m.* 2. Relógio programado para tocar em hora determinada.

DES.TI.NO
s.m. 1. Suposta força que determinaria o futuro. 2. Sequência de fatos que ocorrem independentemente da vontade de alguém; sorte; fatalidade. 3. Futuro. 4. Lugar para onde alguém ou algo se dirige.

DES.TRO
(é ou ê) *adj.* 1. Que usa principalmente a mão direita para escrever, desenhar, etc. 2. Que está à direita. *Não sou canhoto, sou destro, escrevo com a mão direita.*

DE.TER.MI.NA.ÇÃO
s.f. 1. Resolução, decisão. 2. Coragem, bravura. 3. Propósito, firmeza em suas decisões, força de vontade.

DE.TE.TI.VE
s.m. Agente responsável na investigação de crimes (público ou particular).

DEUS
s.m. Para a maioria das religiões, é o ser divino e supremo, criador de todas coisas.

DEU.SA
s.f. 1. Divindade feminina de algumas religiões politeístas. 2. Mulher muito formosa e bela, adorável.

DI.A
s.m. 1. Período de tempo que vai do começo da manhã até o pôr do sol. 2. Período de 24 horas.

DI.A.FRAG.MA
s.m. Músculo que separa o tórax do abdome; principal responsável pela respiração dos seres humanos.

DI.Á.LO.GO

s.m. Fala que se estabelece a partir da conversação entre duas ou mais pessoas.

DI.A.MAN.TE

s.m. 1. Pedra preciosa transparente, dura e brilhante formada por carbono puro cristalizado. 2. Joia feita com esta pedra. 2. Instrumento usado para cortar vidro.

DI.CA

s.f. Boa sugestão, indicação ou informação, que tem por finalidade ajudar alguém.

DI.CIO.NÁ.RIO

s.m. Obra que reúne, em ordem alfabética, as palavras de uma língua, ou termos referentes a uma matéria específica, e descreve seu significado, uso, etimologia, etc., na mesma língua ou em outra língua.

DI.E.TA

s.f. 1. Tipo de alimentação usualmente consumida por um indivíduo, um grupo, uma cultura. 2. Conjunto de alimentos indicados por um nutricionista ou um médico, para melhorar a saúde; regime.
Para eu emagrecer, o nutricionista me recomendou uma dieta à base de frutas e legumes.

DI.GES.TÃO

s.f. Processo de transformação dos alimentos em substâncias para serem absorvidas e aproveitadas pelo organismo.

DI.NA.MI.TE

s.f. Matéria explosiva formada por uma substância química chamada nitroglicerina.

DI.NOS.SAU.RO

s.m. Espécie de réptil extinto, de tamanho variável, que viveu em um período histórico chamado Era Mesozoica.

DI.PLO.MA
s.m. 1. Título ou documento oficial que comprova um cargo, dignidade ou privilégio. 2. Documento que torna a conclusão de um curso oficial.

DI.RI.GIR
v. 1. Guiar um veículo. 2. Comandar, governar, administrar. 3. Encaminhar, endereçar.

DI.RI.GÍ.VEL
adj. 1. Algo que se pode dirigir. / *s.m.* 2. Balão ou aeronave que se pode dirigir.

DIS.CI.PLI.NA
s.f. 1. Procedimento adequado para o bom funcionamento de uma sociedade ou organização. 2. Obediência a uma regra, aceitação de obrigações a serem cumpridas.
A falta de disciplina do menino o deixou de castigo.

DIS.CO
s.m. Objeto redondo e achatado de qualquer material, como o disco que toca música, o disco que guarda informações no computador, etc.

DIS.CUR.SO
s.m. Falar a um público.

DIS.FAR.CE
s.m. 1. O que serve para disfarçar, esconder verdadeiro aspecto de algo ou alguém. 2. Próprio para disfarçar. 3. Falsidade, fingimento.

DIS.PEN.SA
s.f. 1. Permissão para não fazer ou cumprir um dever, uma obrigação. 2. Documento pelo qual se pede dispensa.

DIS.TÂN.CIA
s.f. 1. Espaço entre duas coisas ou pessoas. 2. Intervalo de tempo. 3. Afastamento, separação. 4. Diferença.

DIS.TRA.Í.DO
adj. 1. Nome dado a quem se distrai. 2. Ocupado, entretido, avoado. 3. Descuidado.

DI.TA.DO
s.m. 1. Texto lido em voz alta, para que outra pessoa ouça e escreva. 2. Frase popular cujo conteúdo encerra um ensinamento; provérbio. *"Mais vale um pássaro na mão do que dois voando"* é um ditado popular.

DI.UR.NO
adj. Que acontece ou se faz durante o dia.

DI.VÃ
s.m. Espécie de sofá sem braços e sem encosto, geralmente usado em consultórios de psicólogos.

DI.VER.SÃO
s.f. O que se faz por prazer; brincadeira; passatempo; divertimento; distração.

DI.VER.SI.DA.DE
s.f. Qualidade do que é diferente, variado, diverso; variedade.

DI.VI.SÃO
s.f. 1. Fragmentação; redução; segmentação. 2. Cada uma das partes que se dividiu um todo.

DÓ
s.m. 1. Sentimento de pena; piedade; compaixão. 2. A primeira nota da escala musical.

DO.BRA.DU.RA
s.f. 1. Ato ou efeito de dobrar. 2. Arte de criar figuras com papel, por meio de dobras; origami.

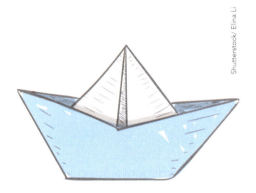

DO.BRO
(ô) *s.m.* 1. Multiplicação por dois; duplicação. 2. Duplo.

DO.CE
(ô) *adj.* 1. Que tem sabor semelhante ao do mel ou açúcar. 2. Suave, agradável. 3. Afetuoso, amoroso, meigo. / *s.m.* 4. Comida feita com açúcar ou mel, também pode ser chamado de sobremesa.

DÓ.CIL
adj. 1. Fácil de lidar, conduzir, ensinar. 2. Que aceita facilmente comando, conselho, orientação; obediente.

DO.CU.MEN.TO
s.m. 1. Declaração escrita, título ou objeto considerado como um elemento de informação e que é usado como testemunho ou prova. 2. Qualquer texto ou registro gráfico utilizado em pesquisas, ou certificação de um assunto ou processo. 3. Certidão.

DO.DÓI
s.m. 1. Doença. 2. Região dolorida; machucado. / *adj.* 3. Doente.

DOM
s.m. 1. Título que vem antes do nome de batismo, dado a homens da alta nobreza, como reis, cardeais, etc. 2. Qualidade natural; talento, capacidade, habilidade especial para algo.
Felipe nasceu com o dom da música, sempre tocou violão, apesar de nunca ter feito aulas.

DO.MIN.GO
s.m. 1. O primeiro dia da semana. 2. Dia dedicado ao descanso.

DOR
(ô) *s.f.* 1. Sensação desagradável, sofrimento físico causado por doença ou ferimento. 2. Dó; aflição, piedade. 3. Peso na consciência, arrependimento.

DOR.MIR
v. 1. Descansar no sono. 2. Perder as boas oportunidades. 3. Morrer; descansar na eternidade.

DRA.GÃO
s.m. Monstro imaginário geralmente representado como uma espécie de serpente recoberta de escamas, com asas de morcego, garras de leão, cauda comprida e boca que cospe fogo.

DRA.MA
s.m. 1. Gênero teatral que mistura tragédia e comédia. 2. Acontecimentos em que há a presença de intensa emoção.

DRI.BLAR
v. Enganar o adversário com movimentos rápidos do corpo sem perder o controle da bola; ultrapassar, superar.

DRO.GA
s.f. 1. Substância usada como ingrediente em farmácias ou laboratórios. 2. Coisa ruim, de pouco valor, de má qualidade. 3. Substância química usada ilegalmente por algumas pessoas.

DRO.GA.RI.A

s.f. 1. Quantidade de drogas. 2. Loja onde se vendem drogas; farmácia.

DRO.ME.DÁ.RIO

s.m. Mamífero ruminante de uma só corcova e de pernas mais longas que as do camelo, usado como animal de carga.

DU.BLÊ

s.2gên. Profissional que substitui um ator ou uma atriz em cenas perigosas ou de difícil execução.

DU.BLA.GEM

s.f. Substituição das falas originais de filme, desenho, por outras em uma língua diferente.

DU.CHA

s.f. 1. Jato de água aplicado sobre o corpo com fins estéticos, higiênicos ou terapêuticos. 2. Banho de chuveiro com jatos de água forte.

DU.E.LO

s.m. Luta, desafio ou combate com ou sem armas entre dois indivíduos sob certas regras.

DU.EN.DE

s.m. Pequeno ser imaginário com aspectos humanos, orelhas pontudas que faz travessuras durante a noite.

DU.PLA

s.f. 1. Grupo de duas pessoas que trabalham juntas por um objetivo comum. 2. Conjunto de dois elementos.

DU.QUE

s.m. Título mais importante da nobreza.

DÚ.VI.DA

s.f. 1. Incerteza em relação à realidade de um fato ou da verdade de uma afirmação. 2. Dificuldade para se decidir. 3. Suspeita, dificuldade em acreditar.

DÚ.ZIA

s.f. 1. Conjunto de 12 objetos da mesma natureza. 2. Em grande quantidade.
A professora pediu uma dúzia de trabalhos para a semana que vem.

E

E
s.m. Quinta letra do alfabeto.

É.BA.NO
s.m. Árvore da família das Ebenáceas, que produz madeira escura e dura, muito preciosa.

E.BU.LI.ÇÃO
s.f. 1. Ato ou efeito de ferver. 2. Transformação de um líquido em vapor. 3. Fervura; exaltação.
O ponto de ebulição da água é mais rápido ao nível do mar.

E.CHAR.PE
s.f. Faixa de tecido comprida usada ao redor do pescoço ou sobre os ombros e as costas.

E.CLE.SI.ÁS.TI.CO
adj. 1. Relativo à igreja ou aos seus sacerdotes. / s.m. 2. Pessoa que pertence ao clero; padre, sacerdote.

E.CLIP.SE
s.m. Fenômeno em que um astro fica total ou parcialmente escuro, provocado pela interposição de outro astro.

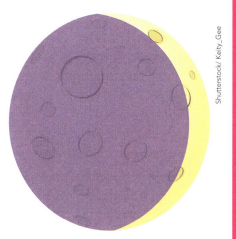

E.CO
s.m. Fenômeno físico que se manifesta pela repetição de vozes ou sons.

E.CO.LO.GI.A
s.f. Parte da biologia que estuda as relações dos seres vivos com o meio ambiente.

E.CO.NO.MI.A
s.f. 1. Ciência que trata da produção, distribuição e consumo das riquezas. 2. Poupança; patrimônio, reserva de dinheiro. 3. Controle de gastos.

E.COS.SIS.TE.MA
s.m. Sistema ecológico constituído por seres vivos, pelo meio ambiente e por suas inter-relações.

E.DU.CAR
v. Dar educação a alguém; ensinar. *Educar as crianças e jovens é a melhor forma de construir um futuro melhor para todos.*

E.GO.ÍS.MO
s.m. Dedicação excessiva que uma pessoa tem por si própria, esquecendo-se de considerar as necessidades e o bem dos outros.

E.LE.FAN.TE
s.m. O maior mamífero terrestre, com tromba e longas presas de marfim, grandes orelhas, podendo pesar até 6 toneladas.

E.LE.GÂN.CIA
s.f. 1. Qualidade de quem possui bom gosto para se vestir e comportamento adequado. 2. Gentileza, cortesia, refinamento na linguagem e no estilo.

E.LEI.ÇÃO
s.f. Escolha, por meio de voto, de alguém para ocupar um cargo público ou privado.

E.LEN.CO
s.m. 1. Enumeração, lista, relação. 2. Conjunto de atores, cantores, músicos, etc. que participam de um espetáculo ou pertencem a uma companhia.

E.LE.TRI.CI.DA.DE
s.f. Forma de energia usada para produzir luz, calor, fazer máquinas funcionarem, etc.

EM.BAI.XA.DOR
(ô) *s.m.* Pessoa que representa o Estado em compromissos oficiais, estabelecendo relações com empresas e chefes de Estado internacionais.

E.MER.GÊN.CIA
s.f. Situação crítica, difícil ou perigosa, que precisa ser resolvida rapidamente.

E.MI.GRA.ÇÃO

s.f. 1. Saída voluntária de um país. 2. Movimentação de uma para outra região dentro de um mesmo país. 3. Conjunto de pessoas que emigram.

E.MO.ÇÃO

s.f. Sensação forte de tristeza, raiva, surpresa, medo, alegria, etc.

EM.PRE.GA.DO

adj. 1. Que tem emprego. / *s.m.* 2. Funcionário que tem trabalho fixo em uma empresa e recebe um salário todo mês.

EM.PRE.SA

(ê) *s.f.* 1. Empreendimento, negócio, firma ou sociedade. 2. Associação particular ou pública, organizada e destinada à produção ou à venda de produtos ou serviços.

EN.CI.CLO.PÉ.DIA

s.f. Obra que serve de referência e consulta, que reúne vários estudos humanos ou apenas determinada área desses estudos em ordem alfabética e diversos volumes.

E.NER.GI.A

s.f. 1. Fornecimento de eletricidade, de luz. 2. Capacidade de realizar um trabalho. 3. Força, vigor.

EN.FAR.TE

s.m. Nome dado à parada de batimentos do coração, causada pelo entupimento de uma artéria; também chamado de infarto.

EN.FEI.TAR

v. 1. Colocar enfeites; enflorar. 2. Disfarçar defeitos, dar boa aparência. 3. Embelezar-se, produzir-se.

EN.FER.MA.RI.A

s.f. Local equipado com aparelhos de primeiros socorros destinado ao tratamento de pessoas doentes.

EN.FRA.QUE.CER

v. 1. Debilitar-se; desanimar-se; tornar-se fraco. 2. Perda total ou em parte das forças ou da energia.
O time se sentiu enfraquecido após a última derrota.

EN.FREN.TAR

v. 1. Defrontar, encarar, estar em frente de. 2. Encarar frente a frente. 3. Lutar em competições esportivas. *Paulo enfrentou seu medo de altura e conseguiu saltar de paraquedas.*

EN.FU.RE.CER

v. 1. Causar fúria a. 2. Ficar ou permanecer furioso; enraivecer.

EN.GA.NO

s.m. Lapso ou erro cometido por descuido ou por astúcia de outro.

EN.GES.SAR

v. 1. Cobrir ou proteger com gesso. 2. Aplicação de gesso sobre partes fraturadas do corpo.

EN.GO.LIR

v. 1. Fazer descer algo da boca ao estômago. 2. Aspirar, tragar.

EN.GOR.DAR

v. 1. Tornar(-se) gordo ou mais gordo. 2. Tornar(-se) maior; crescer, ampliar(-se).

EN.GRA.ÇA.DO

adj. Que faz rir; cômico, divertido.

E.NIG.MA

s.m. 1. Algo de difícil compreensão. 2. Mistério para ser descoberto.

EN.JO.O

s.m. 1. Princípio de náusea ou nojo. 2. Mal-estar. 3. Aborrecimento, tédio.

EN.TE.A.DO

s.m. Filho fruto de outra relação do atual marido ou esposa.

EN.TE.DI.A.DO

adj. 1. Aquele que sente tédio. 2. Aborrecido, enjoado, cansado.

ENTENDER

v. 1. Compreender, aprender. 2. Conhecer. 3. Ouvir, perceber.

EN.TRE.TE.NI.MEN.TO
s.m. Aquilo que distrai; divertimento, passatempo.
O entretenimento favorito de Jorge é andar de patins no parque.

EN.TRE.VIS.TA
s.f. 1. Diálogo conduzido por um jornalista para realizar uma matéria sobre a pessoa escolhida ou assunto de sua especialidade. 2. A matéria resultante do diálogo. 3. Encontro profissional para avaliar as qualificações de uma pessoa para determinado cargo e ou obter informações, esclarecimentos.

EN.VAI.DE.CER
v. 1. Tornar vaidoso, orgulhoso. 2. Vangloriar-se, exaltar-se.

EN.VE.LHE.CER
v. Ficar mais velho.

EN.VE.LO.PE
s.m. Revestimento apropriado para efetuar remessas ou guardar uma carta, impressos ou cartão.

EN.VER.GO.NHAR
v. 1. Fazer sentir humilhação. 2. Encher de vergonha, fazer corar. 3. Estar ou permanecer envergonhado; acanhado, confuso, tímido.

EN.XA.DA
s.f. Instrumento formado por lâmina de ferro e um cabo de madeira, usado na lavoura.

EN.XA.GUAR
v. 1. Lavar várias vezes. 2. Passar por água limpa o que foi lavado com sabão para remover resíduos deixados pela lavagem.

EN.XA.ME
s.m. Grupo de abelhas que vive em uma colmeia.

EN.XA.QUE.CA
(ê) *s.f.* Dor de cabeça frequente acompanhada de tontura ou dores de estômago.

EN.XU.GAR
v. Tirar a umidade do que está molhado; secar.

EN.XUR.RA.DA
s.f. Grande volume de água de chuva que corre com muita força; enchente.

E.PI.DE.MI.A
s.f. Surto de doença infecciosa que se propaga com rapidez e afeta muitas pessoas de uma mesma população ou região.
A epidemia de dengue está preocupando as autoridades e a população da cidade.

E.PI.DER.ME
s.f. Camada externa da pele.

E.PÍ.GRA.FE
s.f. 1. Inscrição. 2. Citação ou parte de um texto inserido no início de um livro, capítulo, etc.

E.PÍ.LO.GO
s.m. 1. Final de uma obra literária em que se faz o resumo da história; desfecho. 2. Ato ou cena final de uma peça teatral.

E.PI.SÓ.DIO
s.m. 1. Acontecimento, fato, evento. 2. Capítulo de uma obra exibida em série. 3. Cada ação dentro de uma obra que pode ser contada sem a necessidade de conhecer a história toda.

É.PO.CA
s.f. 1. Período determinado. 2. Momento marcado por fatos importantes. 3. Era.

E.QUA.ÇÃO
s.f. 1. Igualdade entre duas expressões matemáticas. 2. Redução de um problema complicado a pontos simples para facilitar a resolução.

E.QUI.LI.BRIS.TA
adj. e *s.2gên.* Pessoa que trabalha se equilibrando em posições difíceis, como andando sobre cordas ou fazendo malabarismos com objetos no ar.

E.QUI.NÓ.CIO
s.m. Época em que o dia e a noite têm a mesma duração.

E.QUI.PE
s.f. 1. Grupo de pessoas que realiza um trabalho ou atividade. 2. Time esportivo.
Para o jogo de futebol, nossa sala foi dividida em duas equipes.

E.QUI.TA.ÇÃO
s.f. Esporte ou técnica de andar a cavalo.

E.RA
s.f. Grande período de tempo marcado por acontecimentos importantes.

E.RO.SÃO
s.f. Desgaste do solo causado por vento, chuva, etc.

ER.RA.DO
adj. 1. Que não está certo; que contém erros. 2. Que não segue a direção correta ou apropriada. 3. Que é resultado de um erro; inadequado.

ER.VA
s.f. 1. Pequena planta folhosa, de caule mole, macio. 2. Erva-mate. 3. Qualquer planta que intoxica o gado.

ER.VI.LHA
s.f. 1. Planta que produz sementes ricas em proteína. 2. O fruto da ervilha.

ES.BO.ÇO
s.m. 1. Traços iniciais de um desenho ou obra de arte. 2. Estado inicial de um trabalho ou obra. 3. Resumo, síntese.

ES.CAL.DAR
v. Colocar em água quente para desinfetar.

ES.CA.MA
s.f. 1. Cada placa áspera que cobre a pele de alguns peixes e répteis. 2. Partículas da pele que saem espontaneamente ou devido a alguma doença.

ES.CÂN.DA.LO
s.m. 1. Fato, situação ou acontecimento que contrariam o que a sociedade ou a religião dizem ser correto. 2. Tumulto, desordem, escarcéu.

ES.CA.PAR
v. 1. Livrar-se, salvar-se de algum perigo. 2. Escapulir; fugir. 3. Passar despercebido. 4. Sobreviver.
Daniela escapou por um triz da tempestade e chegou à escola sem se molhar.

ES.CA.RA.VE.LHO
(ê) *s.m.* Nome dado a besouros de cor preta ou escura.

ES.CAR.LA.TE
adj. Que apresenta cor vermelha muito viva e brilhante.

ES.CA.VA.ÇÃO
s.f. 1. Ação ou consequência de escavar. 2. Trabalho de desaterro ou desentulho.

ES.CLA.RE.CER
v. 1. Tornar claro, compreensível ou lúcido. 2. Iluminar, clarear. 3. Dar explicações ou prestar esclarecimentos; informar.

ES.CO.LA.RI.DA.DE
s.f. 1. Grau ou nível de conhecimento ou experiência escolar. 2. Rendimento escolar.

ES.COL.TAR
v. 1. Acompanhar oferecendo proteção. 2. Manter-se junto de alguém, parado ou se movimentando.

ES.COM.BROS
s.m. pl. 1. Destroços frutos de uma demolição. 2. Entulho.

ES.CON.DE-ES.CON.DE
s.m. Brincadeira ou jogo infantil em que uma criança procura outras que se esconderam.

ES.CON.DE.RI.JO
s.m. 1. Lugar onde algo ou alguém se esconde. 2. Lugar adequado para refúgio; abrigo. 3. Recanto; toca.

ES.COR.RE.GA.DOR
(ô) *s.m.* Brinquedo com uma prancha inclinada pela qual as crianças deslizam; escorrega.

ES.CRA.VI.DÃO
s.f. 1. Condição de quem é escravo. 2. Sistema em que uma pessoa explora outra e a obriga a trabalhar sem receber pagamento.

ES.CRE.VER
v. Representar de forma escrita sentimentos, pensamentos e ações por meio de símbolos ou letras.

ES.CU.DO
s.m. Arma de defesa usada para proteger de ataques, golpes de lanças e espadas ou outros perigos.

ES.CUL.PIR
v. Fazer esculturas.
A estátua daquele jardim foi esculpida em mármore.

ES.CUL.TU.RA
s.f. Obra de arte de três dimensões, feita com pedra, gesso, madeira, metal, etc.

ES.CU.MA.DEI.RA
s.f. Utensílio de cozinha no formato de concha rasa com muitos furos e cabo longo.

ES.CU.RE.CER
v. 1. Ficar sem luz ou com menos luz; escuro. 2. Cair a noite; anoitecer.

ES.FA.RE.LAR
v. Reduzir a farelo; esmigalhar.

ES.FE.RA
s.f. Objeto redondo; bola, globo.

ES.FIN.GE
s.f. Monstro mitológico que possuía cabeça humana e corpo de leão.

ES.FO.LAR
v. 1. Tirar ou ferir levemente a pele; arranhar.
Juliano esfolou o joelho jogando basquete com seus colegas.

ES.FOR.ÇAR
v. 1. Dedicar-se a alguma coisa. 2. Animar, estimular, dar coragem.

ES.FRI.AR
v. 1. Reduzir a temperatura; tornar frio. 2. Desanimar, desencorajar-se, enfraquecer-se.

ES.GO.TO
(ô) *s.m.* Encanamento que passa por baixo da terra, abertura por onde passam as águas sujas das casas, dos edifícios e das ruas e as leva para tratamento.

ES.GRI.MA
s.f. Arte de manejar a espada e outras armas brancas.

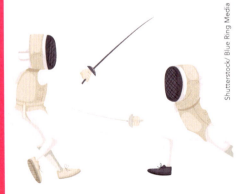

ES.GUI.CHAR
v. Expelir ou jorrar um líquido com força por um tubo ou abertura.

ES.MO.LA
s.f. Dinheiro que se dá aos pobres ou necessitados, por caridade.

ES.NO.BAR
v. 1. Agir como se fosse superior. 2. Mostrar menosprezo por; depreciar, desprezar.

ES.PA.ÇO
s.m. 1. Extensão infinita, que contém todos os seres e objetos existentes ou possíveis. 2. O Universo. 3. Lugar que pode ser ocupado por algo ou alguém.

ES.PA.ÇO.NA.VE
s.f. Veículo usado em viagens pelo espaço; nave espacial.

ES.PA.DA
s.f. Arma branca com lâmina comprida e pontiaguda e com um pequeno punho.

ES.PAN.TA.LHO
s.m. Boneco colocado no campo para espantar as aves.

ES.PA.RA.DRA.PO
s.m. Tira com substância colante usada para prender curativos.

ES.PAR.TI.LHO
s.m. Espécie de cinta feminina usada para apertar a cintura.

ES.PA.TI.FAR
v. Reduzir(-se) a pequenas partes; despedaçar(-se), quebrar(-se).
O vaso espatifou-se no chão ao ser empurrado pelo vendaval.

ES.PE.CI.AL
adj. 1. Fora do comum; excelente, notável. 2. Superior. 3. Distinto. 4. Singular; específico.

ES.PE.CI.A.RI.A
s.f. Denominação genérica de substâncias ou drogas aromáticas e condimentícias, como cravo, canela, etc.

ES.PÉ.CIE
s.f. 1. Divisão do gênero; natureza, qualidade, tipo, semelhança, classe, categoria ou aparência. 2. Seres que possuem a mesma característica e têm tendência a se cruzarem.

ES.PE.RAN.ÇA
s.f. 1. Prática de esperar com paciência. 2. Expectativa por algo desejado.

ES.PER.NE.AR
v. 1. Agitar as pernas; debater-se. 2. Protestar, reclamar, revoltar-se.

ES.PER.TO
adj. 1. Acordado, desperto, ativo, inteligente. 2. Vivo, astuto, sagaz.

ES.PE.TÁ.CU.LO
s.m. Qualquer apresentação pública de teatro, dança, circo, etc.

ES.PE.TO
(ê) *s.m.* 1. Utensílio de ferro ou de madeira usado para assar carnes. 2. Qualquer vara ou haste com uma das pontas afiada.

ES.PI.AR
v. Vigiar escondido; observar, espionar, mirar, espreitar.
O cachorro espiava atentamente os movimentos do gato.

ES.PI.GA
s.f. Parte de alguns vegetais, como o milho, o arroz, o trigo, onde são produzidos os grãos.

ES.PI.NHA
s.f. 1. Diz-se da coluna encontrada no corpo humano. 2. Osso ou cartilagem que forma o esqueleto dos peixes. 3. Acne; pequena bolinha inflamada que nasce na pele.

ES.PI.NHO
s.m. 1. Órgão duro, rígido, pequeno e pontiagudo, encontrado em algumas plantas ou vegetais. 2. Pelo resistente encontrado em alguns animais, como o ouriço e o porco-espinho.

ES.PI.RI.TIS.MO
s.m. 1. Doutrina religiosa que busca unir os homens em um ideal de fraternidade e caridade; prega a crença na vida eterna e na comunicação entre vivos e mortos com intervenção de um médium. 2. Prática dessa doutrina.

ES.PIR.RO
s.m. Ação de expulsar o ar pelo nariz e pela boca com violência, provocando um ruído devido a uma irritação das mucosas nasais.

ES.POR.TE
s.m. 1. Atividade física que envolve treino e respeito a determinadas regras, executada para recreação ou competição. / *adj.* 2. Diz-se de roupa leve, simples.

ES.QUE.LE.TO
(ê) *s.m.* 1. Estrutura óssea de todos os vertebrados. 2. Estrutura protetora ou sustentadora de uma planta.

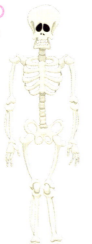

ES.QUEN.TAR
v. 1. Aumentar o grau de calor, tornar quente; aquecer. 2. Acalorar-se, acalmar-se, aquecer-se.
Guilherme esquentou o leite da mamadeira do seu irmãozinho para alimentá-lo.

ES.QUER.DA
(ê) *s.f.* 1. Lado esquerdo. 2. Conjunto dos partidos que reivindicam as ações populares, trabalhistas, socialistas de qualquer espécie.

ES.QUE.TE
s.m. Pequena obra de teatro, rádio ou televisão, constituída por poucos atores e de curta duração.

ES.QUI
s.m. 1. Cada uma das pranchas finas e alongadas que se calçam uma em cada pé para deslizar na neve ou sobre a água. 2. Esporte praticado com tal apetrecho.

ES.QUI.LO
s.m. Mamífero roedor de pequeno porte, de cauda longa e peluda.

ES.QUI.MÓ
s.2gên. Indivíduo dos esquimós, povo que vive nas regiões geladas próximas ao Ártico (Groenlândia, Alasca, norte do Canadá e da Sibéria, ilhas árticas).

ES.QUI.SI.TO
adj. Excêntrico, raro, que não é comum nem usual, estranho.

ES.SÊN.CIA
s.f. Natureza íntima das coisas; aquilo que dá consistência, aparência ou compostura a um objeto.

ES.TA.BA.NA.DO
adj. 1. Que age de maneira precipitada, faz tudo com pressa, sem cuidado; desassossegado. 2. Desajeitado, desastrado.

ES.TÁ.BU.LO
s.m. Lugar onde os animais são alojados e alimentados; estrebaria.

ES.TÁ.DIO
s.m. Campo onde acontecem jogos esportivos com arquibancadas para o público.

ES.TA.DO
s.m. 1. Nação que tem leis próprias e representantes políticos que devem garantir que essas leis sejam aplicadas. 2. Situação em que algo ou alguém está.
O estado deste carro após a batida está péssimo.

ES.TA.LAC.TI.TE
s.f. Pedaços pontiagudos de rocha ou gelo que se formam nos tetos das cavernas, grutas e cavidades subterrâneas pela ação de águas.

ES.TAN.TE
s.f. Móvel com prateleiras para guardar livros ou outros objetos.

ES.TÁ.TUA
s.f. Obra esculpida ou moldada em uma substância sólida.

ES.TI.LIS.TA
adj. e *s.2gên.* Desenhista que cria modelos de roupas.

ES.TI.LO
s.m. 1. Conjunto de tendências, formas de comportamento, preferências artísticas, etc. próprios de um indivíduo ou grupo. 2. Conjunto de características que marcam determinada manifestação cultural.
Meu estilo de música favorito é o samba.

ES.TÔ.MA.GO
s.m. Órgão situado na parte superior do abdome e que faz parte do aparelho digestivo.

ES.TRAN.GEI.RO
adj. 1. Natural de país diferente daquele em que se encontra. / *s.m.* 2. Pessoa originária de outro país.

ES.TRE.LA
(ê) *s.f.* Astro que tem luz e calor próprio, com brilho cintilante, parecendo sempre fixo no firmamento e sendo visível à noite.

ES.TRI.DEN.TE
adj. Que tem um som muito agudo.

ES.TRU.ME
s.m. 1. Mistura de fezes de animais usada para adubar a terra para o cultivo; esterco. 2. Substância orgânica que é usada na fertilização do solo, adubo.

ES.TU.FA
s.f. 1. Local fechado onde, por meios artificiais, se aumenta a temperatura do ar. 2. Espaço envidraçado ou fechado com material transparente para o cultivo de plantas e flores que necessitam de calor ou umidade especial. 3. Aparelho destinado à esterilização de material cirúrgico.

E.TER.NI.DA.DE
s.f. 1. Qualidade do que é eterno. 2. Duração sem princípio nem fim. 3. Na religião, vida que inicia após a morte.
As princesas dos contos de fadas vivem felizes por toda eternidade.

É.TI.CA
s.f. 1. Conjunto de normas e princípios morais para a boa convivência em sociedade. 2. Estudos de questões relacionadas aos valores morais e à conduta humana.

ÉT.NI.CO
adj. 1. Relativo a etnia.
2. Pertencente ou próprio de um povo ou grupo caracterizado por uma cultura específica.

EU.FE.MIS.MO
s.m. Figura de linguagem que consiste na troca de palavras e expressões tristes ou desagradáveis por outras mais suaves e delicadas.

E.VAN.GE.LHO
s.m. 1. O ensinamento, a palavra de Jesus Cristo escrita no Novo Testamento. 2. Cada um dos quatro primeiros livros do Novo Testamento que narram a vida e a doutrina de Jesus Cristo.

E.VO.LU.ÇÃO

s.f. 1. Transformação lenta, em leves mudanças. 2. Progresso ou melhoramento social, político e econômico. 3. Desenvolvimento e transformação de uma espécie.

E.XA.GE.RAR

(z) *v.* 1. Apresentar ou descrever algo diminuindo ou acrescentando, alterando a verdadeira realidade. 2. Aparentar, ostentar mais do que é realmente.

EX.CE.ÇÃO

s.f. O que foge de uma regra ou padrão.
Ana foi a exceção na prova em que todos os alunos tiraram notas boas.

E.XÉR.CI.TO

(z) *s.m.* 1. Força armada terrestre de um país. 2. Grupo de tropas que participam de um combate.

E.XIS.TÊN.CIA

(z) *s.f.* 1. O fato de existir ou viver. 2. A forma de viver. 3. Período de tempo; duração. 4. Período de vida do nascimento até a morte.

Ê.XI.TO

(z) *s.m.* 1. Resultado bom, feliz e promissor. 2. Sorte, sucesso. 3. Efeito, consequência.

E.XÓ.TI.CO

(z) *adj.* 1. Nome dado ao animal ou à planta que não é natural do habitat onde se encontra. 2. Esquisito, diferente.

EX.PEC.TA.TI.VA

s.f. 1. Situação de quem espera. 2. Esperança de que um fato venha a acontecer. 3. Estado de quem espera algo que deseja. 4. Probabilidade.

EX.PI.RA.ÇÃO

s.f. 1. Expulsão do ar pelos pulmões. 2. Vencimento; fim.

EX.TIN.ÇÃO

s.f. 1. Destruição, fim. 2. Desaparecimento definitivo de uma espécie animal ou vegetal.

EX.TRA.TER.RES.TRE

adj. e *s.2gên.*
Pessoa ou objeto que não faz parte da Terra.

EX.TRO.VER.TI.DO

adj. e *s.m.* Que ou quem tem facilidade de manter contato com outras pessoas; comunicativo.

F

F
(éfe) *s.m.* Sexta letra do alfabeto.

FÃ
s.2gên. 1. Pessoa admiradora de alguém muito conhecida, como um ator, cantor, desportista, etc. 2. Admirador.

FA.BRI.CAR
v. 1. Produzir na fábrica. 2. Inventar, criar. 3. Construir, edificar.

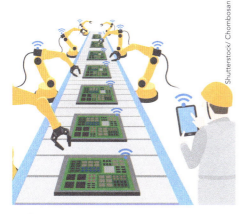

FÁ.BU.LA
s.f. 1. História curta, em que os personagens são animais e trazem um ensinamento. 2. Narração imaginária, ficção.

FA.CA
s.f. Instrumento cortante com lâmina e cabo.

FA.CHA.DA
s.f. 1. Face principal de um edifício, que fica virada pra rua. 2. Aparência; aspecto.

FA.CUL.DA.DE
s.f. 1. Poder ou capacidade de fazer. 2. Estabelecimento de ensino superior.

FA.CUL.TA.TI.VO
adj. 1. Que se pode fazer ou deixar de fazer. 2. Não obrigatório; opcional.

FA.DA
s.f. Personagem feminina de histórias, com poderes mágicos usados geralmente para o bem.

FA.DA.DO
adj. Que possui destino; predestinado.
Milena acreditava que sua banda estava fadada ao sucesso.

FA.DI.GA

s.f. Sensação de cansaço e fraqueza; esgotamento.

FA.JU.TO

adj. 1. Diz-se de pessoa ou coisa de má qualidade. 2. Adulterado, falso.

FA.LA.TÓ.RIO

s.m. 1. Fala em voz alta; comentário; discussão. 2. Vozerio de muitas pessoas que falam ao mesmo tempo.

FA.LÊN.CIA

s.f. 1. Ato ou efeito de falir. 2. Fim definitivo das atividades de uma empresa comercial; quebra.

FA.LHAR

v. 1. Não dar o resultado desejado. 2. Errar. 3. Faltar à obrigação. 4. Não socorrer a tempo.

FAL.SE.TE

(ê) *s.m.* Tom de voz mais agudo que o normal.
Jonathan adora cantar usando seus falsetes.

FAL.SI.DA.DE

s.f. 1. Qualidade do que não é verdadeiro. 2. Mentira, difamação, calúnia. 3. Fingimento, deslealdade, hipocrisia.

FA.MA

s.f. 1. Condição do que é muito conhecido; notoriedade, celebridade. 2. Reputação que se tem de alguém ou de algo.

FA.MÍ.LIA

s.f. Grupo de pessoas unidas por laços sanguíneos ou afetivos.

FA.NÁ.TI.CO

adj. e *s.m.* 1. Que demonstra afeto exagerado, entusiasmo, devoção por alguém ou alguma coisa. 2. Que crê cegamente em uma doutrina política ou religiosa, e se mostra intolerante com outras crenças ou opiniões.

FAN.TA.SI.A
s.f. 1. Aquilo que só existe na imaginação. 2. Traje que se usa para imitar um personagem no carnaval ou em outras festas.

FAN.TAS.MA
s.m. Suposta aparição de gente que já morreu; alma penada; assombração.

FAN.TÁS.TI.CO
adj. 1. Que só existe na imaginação. 2. Extraordinário, fabuloso, incrível.

FAN.TO.CHE
s.m. Boneco movimentado com fios ou com as mãos.

FA.RA.Ó
s.m. Título dos reis do Antigo Egito.

FAR.DA
s.f. Fardamento militar, uniforme.

FA.RE.JAR
v. 1. Cheirar; acompanhar o faro. 2. Adivinhar, descobrir. 3. Procurar por meio do olfato.

FA.RIN.GE
s.f. Tubo muscular situado entre a boca e a parte superior do esôfago.

FA.RI.NHA
s.f. Pó feito de trigo, ou outros grãos e raízes, que serve como ingrediente para o preparo de bolos, tortas e outros alimentos.
Um dos ingredientes do bolo é a farinha de trigo.

FAR.MÁ.CIA
s.f. 1. Estabelecimento onde se preparam ou vendem medicamentos. 2. Ramo da farmacologia que se dedica ao preparo e conservação dos medicamentos.

FA.ROL

s.m. 1. Torre elevada, ao pé do mar, com um foco luminoso para orientar os navegantes. 2. Lanterna dos veículos. 3. Sinal luminoso para a direção do trânsito; semáforo.

FAR.PA

s.f. 1. Ponta. 2. Pequena lasca de madeira que acidentalmente se introduz na pele ou na carne.

FAU.NA

s.f. Conjunto das espécies animais de um país, região ou período geológico.
O Brasil possui uma fauna muito vasta e diversificada.

FAU.NO

s.m. Ser mitológico com pés de cabra, cabeça e tronco de homem e chifres.

FA.VE.LA

s.f. Comunidade de habitações modestas, construídas principalmente nas encostas dos morros das áreas da cidade e geralmente sem esgoto nem água encanada.

FA.VO

s.m. Conjunto de gomos em que as abelhas depositam o mel.

FA.VO.RI.TO

adj. 1. Predileto. 2. Privilegiado. 3. Preferido. 4. Atleta, time, etc. que tem a maior probabilidade de vencer a disputa devido ao seu desempenho.

FA.ZEN.DA

s.f. Grande estabelecimento rural onde se desenvolve a criação de gados e plantações.

FÉ
s.f. Crença firme e incondicional, confiança.
Roberta tinha muita fé que conseguiria um novo emprego.

FE.BRE
s.f. Aumento da temperatura normal do corpo.

FE.CHA.DU.RA
s.f. Peça de metal feita para trancar portas, janelas, gavetas, com chave.

FE.DOR
(ô) *s.m.* Mau cheiro.

FEI.JO.A.DA
s.f. Prato típico da culinária brasileira, preparado com feijão preto, carnes salgadas e linguiça, servido com arroz, farofa e couve refogada.

FEI.RA
s.f. Lugar público, em geral ao ar livre, onde se expõem e vendem mercadorias.

FE.LI.NO
adj. Relativo ao gato.

FE.MI.NIS.MO
s.m. Movimento que luta pela igualdade de direitos sociais e políticos entre mulheres e homens.

FÊ.NIX
(cs) *s.f.* Ave mitológica que, segundo a crença dos antigos, vivia muitos séculos, morria queimada e renascia das próprias cinzas.

FE.RI.A.DO
s.m. 1. Dia em que não se trabalha nem se tem aula por determinação civil ou religiosa. 2. Dia de descanso. 3. Dia festivo.

FER.RA.DU.RA
s.f. Peça de ferro presa ao casco dos cavalos e que é fixada por meio de cravos para protegê-los do desgaste.

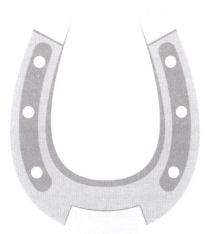

FER.RU.GEM

s.f. Resultado da oxidação do ferro, que acontece quando o metal é exposto à umidade, deixando o material com uma cor alaranjada e aspecto envelhecido.

FIC.ÇÃO

s.f. 1. Criação imaginosa, fantástica; fantasia. 2. Ramo de criação artística, literária, cinematográfica, teatral, etc. baseada em elementos imaginários.

FI.DE.LI.DA.DE

s.f. 1. Característica de quem é fiel. 2. Precisão de detalhes; exatidão. 3. Respeito aos compromissos assumidos.

FI.GA

s.f. 1. Pequeno amuleto em forma de mão fechada com o polegar entre os dedos indicador e médio. 2. Gesto que imita esse amuleto usado para atrair sorte, para se defender de malefícios, doenças, etc.

FI.LAN.TRO.PI.A

s.f. 1. Dedicação humana. 2. Caridade, amor ao próximo.

FIL.MAR

v. 1. Registrar imagens para fazer um vídeo ou filme; gravar. 2. Adaptar para cinema, vídeo, etc.

FIL.ME

s.m. 1. Sequência de imagens registradas para exibição em movimento. 2. Obra cinematográfica. 3. Película sensível à luz usada para registrar imagens em foto.

FI.LO.SO.FI.A

s.f. Ciência que procura explicar as questões básicas do homem, da vida e do universo.

FIL.TRAR

v. Passar um líquido por filtro para retirar impurezas; purificar, coar.

FI.NA.LI.DA.DE

s.f. Objetivo, intuito; meta.
Mário tinha a finalidade de passar no vestibular, por isso estudou muito.

FIN.GIR

v. 1. Fazer parecer real; simular. 2. Fazer de conta; imaginar. 3. Tentar passar como verdadeira a ideia de algo que não se pensa, não se sente ou não se é.

FÍ.SI.CA
s.f. Ciência que estuda as propriedades gerais das substâncias líquidas, sólidas e gasosas e da energia e suas leis fundamentais.

FI.SI.O.LO.GI.A
s.f. Ciência que estuda as funções orgânicas e o funcionamento normal dos seres vivos.

FI.SI.O.NO.MI.A
s.f. 1. Expressão facial; semblante. 2. Aparência.

FI.SI.O.TE.RA.PI.A
s.f. Aplicação terapêutica de exercícios, massagens, calor, luz, etc., para tratamento de doenças.

FLA.GRAR
v. Pegar em flagrante; surpreender. *O professor flagrou o aluno colando durante a prova, por isso lhe deu zero.*

FLAU.TA
s.f. Instrumento musical de sopro constituído de um tubo oco com furos por onde sai o som.

FLE.CHA
s.f. Arma constituída de uma haste de madeira pontuda ou com uma ponta de ferro que se lança com arco.

FLE.XI.BI.LI.DA.DE
(cs) *s.f.* 1. Flexível, maleável. 2. Aptidão para diversas atividades. 3. Característica de quem é compreensível.

FLO.RA
s.f. 1. Conjunto da vegetação de um país ou de uma região. 2. Conjunto de plantas usadas para determinado fim.

FLO.RES.TA
s.f. Grande extensão de terra coberta por grandes árvores; mata.

FLU.VI.AL
adj2gen. 1. Que se refere a rio. 2. Que vive no rio.

FO.BI.A
s.f. 1. Medo obsessivo e constante de objetos ou de situações.

FO.CA
s.f. Mamífero carnívoro marinho, de pelagem curta e aveludada, que vive nos mares mais frios.

FO.GUEI.RA
s.f. Monte de pedaços de madeira ou de outro material em que se põe fogo; fogaréu.

FO.GUE.TE
(ê) *s.m.* Veículo espacial que utiliza a propulsão a jato.

FOI.CE
s.f. Ferramenta que tem uma lâmina curva presa a um cabo e que é usada para roçar, cortar plantas.

FOL.CLO.RE
s.m. Conjunto ou estudo das tradições, crendices, cantos, festas, lendas, artes, conhecimentos e crenças de um povo.

FÔ.LE.GO
s.m. 1. Respiração. 2. Capacidade de prender a respiração.

FOL.GA
s.f. Pausa no trabalho, dia de descanso.
Meu pai terá dois dias de folga no trabalho e me levará ao zoológico.

FOR.MI.GA
s.f. Inseto que vive em sociedade (formigueiro), debaixo da terra, em ninhos nas árvores, no oco dos paus, etc.

FOR.MI.GA.MEN.TO
s.m. Sensação de picadas leves e sucessivas em uma região do corpo, geralmente provocada por má circulação do sangue; dormência.

FOR.RÓ
s.m. Baile popular com músicas típicas nordestinas tocadas com a sanfona, em que se dança aos pares; arrasta-pé.

FOR.TU.NA
s.f. Acúmulo de bens, riqueza.

FÓ.RUM
s.m. Lugar onde funcionam os órgãos do poder judiciário.

FOS.CO
(ô) *adj.* 1. Sem brilho. 2. Que não é transparente.
Meu pai prefere carros com cores foscas a brilhantes.

FÓS.FO.RO
s.m. Palito com substância especial em uma das pontas, que produz fogo por meio de atrito em superfície áspera.

FÓS.SIL
s.m. Restos de animais, de plantas, etc., que habitaram a Terra em épocas antigas e que ficaram presos ou se transformaram em pedra.

FO.TO.GÊ.NI.CO
adj. Que aparece bem em fotografias.

FO.TO.GRA.FI.A
s.f. Técnica ou arte de registrar imagens com uma câmara fotográfica.

FO.TOS.SÍN.TE.SE
s.f. Processo realizado pelas plantas para obter energia para o seu crescimento e saúde; consiste na absorção de nutrientes do solo e da luz.

FOZ
s.f. 1. Ponto onde um rio termina: no mar, em outro rio ou em um lago. 2. Barra; embocadura. 3. Desaguadouro.

FRA.DE
s.m. Homem que faz parte de uma ordem religiosa e vive em convento, separado do mundo social.

FRA.GRÂN.CIA
s.f. 1. Aroma, cheiro, odor. 2. Bálsamo, perfume.

FRAS.CO

s.m. Recipiente de vidro, plástico ou outro material, no qual se guardam substâncias líquidas, sólidas ou pastosas.

FRA.TER.NI.DA.DE

s.f. 1. Laço de parentesco entre irmãos; irmandade. 2. Convivência harmoniosa e afetiva entre pessoas; união.

FRA.TU.RAR

v. 1. Partir(-se), romper(-se). 2. Partir, quebrar um osso ou um dente.
O jogador fraturou seu dedo indicador durante a partida de vôlei.

FRE.GUÊS

s.m. 1. Habitante de uma freguesia. 2. Indivíduo que contrata, habitualmente, os serviços do mesmo profissional. 3. O que compra da pessoa certa; cliente.

FREI.RA

s.f. 1. Mulher que faz parte de comunidade religiosa. 2. Irmã de caridade.

FRE.QUÊN.CIA

(qü) s.f. 1. Ato de frequentar; comparecimento regular, assiduidade. 2. Repetição de um fato ou ação.

FRES.CO

(ê) adj. 1. Temperatura entre frio e morno. 2. Arejado. 3. Diz-se do que ainda está vivo na memória, recente. 4. Conservado.

FRE.VO

(ê) s.m. 1. Dança pernambucana, caracterizada pelos movimentos de pernas dos dançarinos e pelo uso de sombrinhas coloridas. 2. O gênero musical e a música que acompanham essa dança.

FRI.A.GEM

s.f. 1. Ar frio; baixa temperatura. 2. Queda de temperatura causada por frentes frias.

FRIC.ÇÃO

s.f. Ação de apertar, esfregar um objeto em outro ou em uma superfície.

FRI.EI.RA
s.f. 1. Inflamação da pele causada pelo frio. 2. Doença entre os dedos dos pés causada por fungos.

FRI.GI.DEI.RA
s.f. Utensílio de cozinha, de cabo longo, usado para fritar alimentos.

FRI.GO.RÍ.FI.CO
s.m. Local refrigerado onde se estocam e conservam alimentos, como carnes, a baixas temperaturas.

FRI.O
adj. 1. Sem calor. 2. Gelado. 3. Indiferente. / *s.m.* 4. Baixa temperatura.

FRON.TEI.RA
s.f. Limite que separa dois países, dois estados, dois municípios, etc.

FRO.TA
s.f. 1. Conjunto de navios de guerra ou mercantes. 2. Conjunto dos veículos de uma companhia.

FRUS.TRAR
v. 1. Fracassar ou levar ao fracasso. 2. Não corresponder à expectativa; decepcionar(-se).
O filme frustrou todos aqueles que esperavam um final feliz.

FRU.TÍ.FE.RO
adj. Que produz frutos, especialmente os comestíveis.

FU.LA.NO
s.m. Pessoa cujo nome não se sabe ou não se quer dizer; sujeito, indivíduo.

FU.MA.ÇA
s.f. Vapor que sai de algo que está pegando fogo ou muito quente.

FUN.DA.MEN.TAL
adj. 1. Básico; vital. 2. Necessário, essencial.

FU.NE.RÁ.RIA
s.f. Estabelecimento que vende caixões e cuida do transporte até o velório e o enterro.

FUN.GO
s.m. Cada um dos numerosos micro-organismos vegetais sem clorofila, como os bolores, fermentos, bactérias, etc.

FU.NI.LEI.RO
s.m. Aquele que conserta ou desamassa carros de lataria danificada.

FU.RA.DEI.RA
s.f. Ferramenta com haste de aço usada parar fazer furos em paredes, madeira, metal e outros materiais resistentes.

FU.RÃO
adj. Mamífero carnívoro, de corpo comprido e fino, com patas curtas; doninha.

FÚ.RIA
s.f. 1. Ira, ódio, raiva. 2. Manifestação de furor.

FUR.TI.VO
adj. 1. Discreto, rápido. 2. Que tenta passar despercebido. 3. Dissimulado, disfarçado.
O espião deixou o local de modo tão furtivo que ninguém percebeu.

FUR.TO
s.m. 1. Ato ou efeito de furtar; roubar sem ninguém ver. 2. Roubo.

FU.SÃO
s.f. Passagem de uma substância do estado sólido ao gasoso.

FU.TE.BOL
s.m. Esporte praticado entre duas equipes de 11 jogadores cada, que têm como objetivo acertar a bola no gol do adversário com os pés ou com cabeçadas.

FU.TU.RO
adj. 1. Que vai acontecer. 2. Destino. / *s.m.* 3. Acontecimento que ocorre depois do presente. 4. Na gramática, tempo dos verbos que indica uma ação que ainda vai acontecer.

G
(gê) *s.m.* Sétima letra do alfabeto.

GA.BA.RI.TO
s.m. Conjunto de respostas corretas das questões de uma prova.

GA.DO
s.m. 1. Conjunto dos animais criados no campo; rebanho. 2. Animais que servem de alimento para o homem, como boi, vaca, carneiro, ovelha, cabra, etc.

GA.FA.NHO.TO
(ô) *s.m.* Inseto de patas traseiras grandes usadas para saltar.
É comilão, se reproduz com facilidade e é prejudicial à lavoura.

GA.GUE.JAR
v. Pronunciar as palavras com dificuldade, repetindo várias vezes as mesmas sílabas.

GAI.O.LA
s.f. 1. Casinha móvel, onde se prendem pequenos animais domésticos, como passarinhos, hamsters, etc.
Os passarinhos deveriam viver na natureza, não presos em gaiolas.

GAI.TA
s.f. Pequeno instrumento musical de sopro com vários buraquinhos, que se toca com os lábios.

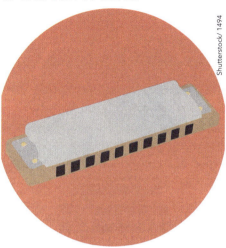

GAI.VO.TA
s.f. Ave de plumagem longa branco-acinzentada, que sobrevoa os mares e alimenta-se de peixes e de outros pequenos animais e plantas que pega na praia.

GA.LÃ
s.m. 1. Ator que, em uma peça teatral ou filme, representa o papel principal nas tramas amorosas. 2. Homem belo e elegante. 3. Galanteador.

GA.LÁ.XIA
(cs) *s.f.* Conjunto de estrelas, poeira e gás; Via Láctea.

GA.LO.CHA
s.f. Calçado de borracha usado para proteger os pés da umidade, que se põe por cima das botas ou sapatos.

GAM.BÁ
s.m. Mamífero de hábitos noturnos, que possui uma bolsa na barriga para carregar os filhotes e que emite um cheiro ruim quando ameaçado.

GAN.GOR.RA
(ô) *s.f.* Brinquedo retangular e comprido em que se sentam duas crianças, uma em cada ponta da tábua, fazendo com que a criança que está embaixo suba e a que está em cima desça, graças aos impulsos de cada uma.

GAR.ÇOM
s.m. Profissional que serve bebidas e comidas em bares, cafés, restaurantes, etc.

GAR.GAN.TA
s.f. 1. Canal interno do pescoço pelo qual os alimentos passam da boca para o estômago; goela. 2. Passagem estreita e apertada entre duas montanhas.

GA.RO.A
(ô) *s.f.* Chuva fina e persistente; chuvisco.

GAR.RA
s.f. 1. Unha forte, curvada e pontuda de alguns animais, como as feras e as aves de rapina. 2. Gancho que segura algo. 3. Coragem; intensidade; energia.

GAR.RAN.CHO
s.m. 1. Letra mal escrita e difícil de entender; garatuja.
A professora me sugeriu comprar um caderno de caligrafia, porque a minha letra estava um garrancho!

GA.TO
s.m. 1. Mamífero doméstico, carnívoro e predador de ratos. 2. Erro; lapso; desleixo; engano. 3. Indivíduo esperto. 4. Homem bonito; charmoso.

GA.VI.ÃO
s.m. 1. Ave de caça que tem o bico curvo e as garras fortes. Alimentam-se de presas vivas durante o dia. 2. Indivíduo conquistador.

GE.A.DA
s.f. Orvalho congelado, que forma uma camada branca sobre o chão, telhados, plantas, etc.

GE.LA.DEI.RA
s.f. Eletrodoméstico que contém peças capazes de refrigerar e de produzir temperatura baixa para conservação de alimentos e resfriamento de líquidos; refrigerador.

GE.LA.TI.NA
s.f. 1. Substância transparente semelhante à uma geleia de frutas, sem cheiro, extraída de tecidos de animais e vegetais. 2. Sobremesa feita com essa substância.

GE.LEI.A
(é) *s.f.* Resultado da preparação de suco de frutas com açúcar ao fogo, que o faz adquirir consistência gelatinosa no resfriamento.

GE.LEI.RA
(ê) *s.f.* 1. Grande massa de gelo que se forma nos lugares onde há muita neve acumulada. 2. Aparelho para fabricar gelo.

GE.MA
s.f. Parte amarela e central do ovo das aves e dos répteis, que contém substâncias nutritivas.

GÊ.MEO
adj. e *s.m.* Cada um dos filhos nascidos do mesmo parto.

GÊ.NE.RO
s.m. 1. Conjunto de seres ou objetos que possuem características comuns; espécie, tipo, ordem. 2. Categoria que classifica as palavras em masculino, feminino ou neutro.
A palavra morango tem o gênero masculino, e a palavra goiaba tem o gênero feminino.

GE.NÉ.TI.CA
s.f. Ramo da biologia que estuda os fenômenos que passam de pai para filho e sua evolução.

GEN.GI.VA
s.f. Parte da boca onde estão os dentes.

GÊ.NIO

s.m. 1. Pessoa que possui inteligência fora do comum, talento. 2. Criatura fantástica que, segundo crença antiga, inspirava os humanos nas artes, paixões e vícios.

GEN.TI.LE.ZA

(ê) *s.f.* 1. Cortesia, educação. 2. Elegância, amabilidade.

GE.O.GRA.FI.A

s.f. Ciência que se dedica ao estudo da Terra na sua forma, seus aspectos físicos e sua relação com o meio natural e com o homem.

GE.REN.TE

adj. e *s.2gên.* Que ou quem dirige ou administra negócios ou serviços. *O cliente ficou insatisfeito com o atendimento e chamou o gerente para resolver seu problema.*

GER.GE.LIM

s.m. Planta originária da África e da Ásia, e que possui sementes comestíveis.

GE.RIN.GON.ÇA

s.f. Coisa malfeita, frágil e de fácil destruição.

GER.ME

s.m. 1. Estágio inicial do desenvolvimento de um organismo. 2. Parte da semente que se transforma no novo ser. 3. Micro-organismo patológico.

GES.SO

(ê) *s.m.* 1. Massa ou pó branco que pode ser moldado de várias formas quando entra em contato com a água. 2. Qualquer objeto moldado em gesso.

GES.TAN.TE

adj. 1. Que está em gestação. / *s.f.* 2. Mulher grávida.

GI.BI

s.m. Nome dado às revistas em quadrinhos.

GI.GAN.TE

adj. 1. Muito volumoso; enorme; alto. / *s.m.* 2. Na mitologia e na literatura, é um ser fantástico que tem uma altura muito grande.

GI.NAS.TA
s.2gên. 1. Pessoa que pratica ginástica com regularidade. 2. Atleta especializado em ginástica.

GIN.GA
s.f. 1. Remo usado para movimentar uma embarcação. 2. Movimento corporal usado pelos capoeiristas para iludir o adversário e aplicar golpes ou defender-se.

GI.RA.FA
s.f. Mamífero africano de pescoço muito comprido, cabeça pequena, um par de chifres curtos e pelo amarelo com manchas escuras.

GI.RAS.SOL
s.m. Planta com flores grandes e amarelas que seguem o movimento do Sol. Com suas sementes, é produzido um óleo comestível.

GÍ.RIA
s.f. Linguagem particular de certos grupos sociais pertencentes a uma classe ou a uma profissão, que com o tempo pode ser usado por outras pessoas.

"Mano" é uma gíria paulistana, que pode significar irmão ou amigo.

GI.RI.NO
s.m. Nome dado aos filhotes de anfíbios, como os sapos, que se reproduzem na água.

GIZ
s.m. Bastão feito do pó de uma rocha, muito usado para escrever em quadro-negro.

GLA.CÊ
s.m. Cobertura para bolos e doces feita com açúcar e clara de ovo.

GLA.DI.A.DOR
(ô) *s.m.* Lutador romano que enfrentava outros lutadores ou animais ferozes para entretenimento do público.

GNO.MO
s.m. Anão, de feição feia, que, segundo a lenda, habitava o interior da Terra e guardava tesouros de pedras e metais preciosos.

GO.LEI.RO
s.m. Jogador (de futebol, handebol ou polo) que tem a função de defender a área de gol do seu time, para que a bola não entre.

GOL.FI.NHO
s.m. 1. Animal mamífero marinho, de dentes pequenos e focinho longo, também chamado de delfim. 2. Estilo de natação em que o praticante impulsiona o corpo como se fosse um golfinho.

GOL.PE
s.m. 1. Pancada forte. 2. Acontecimento inesperado.

GOR.DO
(ô) *adj.* 1. Que tem muita gordura; que está acima do peso normal. 2. Que contém gordura na composição.

GO.RI.LA
s.m. Grande macaco de pelo negro e focinho e orelhas pequenos, que vive em grupos e é encontrado nas florestas da África.

GOR.JE.TA
(ê) *s.f.* Dinheiro dado a alguém em agradecimento por um pequeno serviço prestado, além do preço já combinado.
A moça gostou tanto do atendimento do garçom que deu a ele uma gorjeta bem generosa.

GO.RO.RO.BA
s.f. 1. Comida; rango. 2. Comida malfeita ou de má qualidade. 3. Árvore da família das leguminosas, de flores brancas, tronco rugoso e madeira durável.

GO.TEI.RA
s.f. Buraco em telhado por onde entra água quando chove ou quando há algum vazamento.

GRA.FI.TE
s.f. 1. Bastão muito fino para escrever, que fica dentro do lápis, ou separado, para ser usado em lapiseira. / *s.m.* 2. Palavra, frase ou desenho, feitos em muro ou parede de local público ou privado, geralmente utilizando-se spray.

GRA.MÁ.TI.CA
s.f. Conjunto de regras para falar e escrever uma língua, de acordo com a sua forma padrão.

GRA.NI.ZO
s.m. Chuva que cai em forma de grãos de gelo; chuva de pedra.

GRA.VA.TA
s.f. 1. Acessório de tecido em formato de tira que se usa em volta do pescoço, dando um nó ou um laço na parte da frente. 2. Golpe dado no pescoço em diversas lutas esportivas.

GRA.VE.TO
(ê) *s.m.* Ramo seco ou pedaço pequeno de lenha fina; cavaco.

GRA.VI.DA.DE
s.f. 1. Qualidade do que é grave; seriedade. 2. Força que atrai todos os corpos para o centro da Terra, impedindo que flutuem.

GRA.XA
s.f. Pasta gordurosa usada para lustrar couro ou lubrificar peças de máquina.

GRE.GO
s.m. 1. Natural ou habitante da Grécia. 2. A língua falada na Grécia. 3. Coisa difícil de entender. / *adj.* 4. Relativo a esse país, povo ou língua.

GRE.VE
s.f. 1. Paralisação coletiva do trabalho pelos funcionários, para exigir benefícios e direitos. 2. Interrupção temporária e coletiva de qualquer atividade, como forma de protesto.

GRI.SA.LHO
adj. 1. Diz-se de cabelo mesclado de fios brancos. / *s.m.* 2. Que tem cabelos grisalhos.
Quando chegar, procure um senhor grisalho na portaria.

GRU.TA
s.f. 1. Caverna natural ou artificial. 2. Escavação subterrânea.

GUA.CHE
s.m. 1. Tinta feita com substâncias coloridas trituradas em água e misturadas com goma. 2. Quadro pintado com essa preparação.

GUAR.DA-CHU.VA
s.m. Armação de varetas dobráveis, coberta de pano, para proteger as pessoas da chuva ou do Sol.

GUAR.DA.NA.PO
s.m. Pequena toalha de pano ou de papel usada para limpar os lábios durante uma refeição.

GUAR.DI.ÃO
s.m. Pessoa que defende ou protege algo ou alguém; guarda-costas.

GUER.REI.RO
adj. 1. Referente à guerra. 2. Pessoa que se dedica à guerra, ao combate. / *adj.* e *s.m.* 3. Aquele que se empenha por um objetivo ou causa; batalhador.

GUER.RA
s.f. Confronto com luta armada entre nações; de motivação política, econômica, cultural ou religiosa.

GUIN.DAS.TE
s.m. Máquina usada para erguer ou transportar volumes muito pesados. *A construtora teve que usar um guindaste para levantar os blocos de concreto da obra.*

GUIR.LAN.DA
s.f. 1. Coroa de flores, folhagens ou frutos entrelaçados. 2. Grinalda de noiva.

GUI.TAR.RA
s.f. Instrumento musical de cordas dedilháveis, semelhante ao violão.

GU.LO.SO
(ô) *adj.* e *s.m.* Que come demais, mesmo sem estar com fome.

GU.RI
s.m. Criança, menino, rapazola.

H

H
(agá) *s.m.* Oitava letra do alfabeto.

HA.BI.TA.ÇÃO
s.f. 1. Lugar onde se habita. 2. Casa, moradia, residência.

HABITAT
(ábitat) *s.m.* Lugar em que vive um organismo, e que oferece condições físicas e geográficas favoráveis à sua sobrevivência.

HÁ.BI.TO
s.m. 1. Ato que se repete regularmente. 2. Vestuário usado por alguns religiosos.

HÁ.LI.TO
s.m. Cheiro que vem da boca, quando se fala ou expira; bafo.
Para evitar o mau hálito, é preciso ter uma boa higiene bucal.

HAM.BÚR.GUER
s.m. 1. Bife redondo e achatado de carne moída com temperos. 2. Sanduíche feito com esse bife.

HAN.DE.BOL
s.m. Jogo em que duas equipes com sete jogadores cada tentam marcar gols no time adversário usando apenas as mãos.

HA.RAS
s.m. Fazenda ou sítio destinados à criação e ao treinamento de cavalos, especialmente de corridas.

HAR.MO.NI.A
s.f. 1. Equilíbrio entre elementos diversos que resulta em algo agradável de se ver ou ouvir. 2. Bom entendimento.

HAR.MÔ.NI.CA
s.f. 1. Gaita de boca. 2. Acordeão, sanfona.

HAR.PA
s.f. Instrumento antigo de cordas, de forma triangular, tocado com os dedos.

HAR.PI.A
(pí) *s.f.* Monstro da mitologia grega, com cabeça de mulher, corpo de pássaro e garras afiadas.

HÉ.LI.CE
s.f. Peça com hastes que giram em torno de si mesma e faz muitos meios de transporte se locomoverem, como os helicópteros, os navios, os aviões, etc.

HE.LI.CÓP.TE.RO
s.m. Aeronave sem asas, que sobe na vertical e sustenta-se no ar por meio de hélices que giram horizontalmente.

HE.MA.TO.MA
s.m. Mancha de sangue, geralmente roxa ou marrom, que aparece na pele após algum contato violento, como uma batida forte, fazendo com que o sangue coagule.
Danilo deixou o jogo de hóquei com um hematoma em sua coxa direita.

HE.MIS.FÉ.RIO
s.m. 1. Metade de uma esfera. 2. Cada uma das duas metades da Terra (Norte e Sul), separadas por uma linha imaginária chamada linha do equador. 3. Cada uma das metades do cérebro.

HE.MO.GLO.BI.NA
s.f. Proteína que contém o ferro do sangue e cuja função principal é levar oxigênio dos pulmões para as células.

HE.MO.GRA.MA
s.m. Exame de sangue, que verifica a contagem dos elementos que compõem o sangue (glóbulos brancos e vermelhos, plaquetas, hemoglobina, etc.).

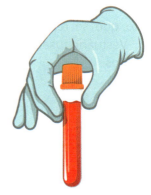

HE.MOR.RA.GI.A
s.f. Derramamento de sangue para fora dos vasos sanguíneos.

HE.RAN.ÇA
s.f. 1. Patrimônio deixado por alguém antes de morrer, e que será distribuído entre a família. 2. Aquilo que passa de pai para filho.

HER.BÍ.VO.RO
adj. 1. Que se alimenta de ervas ou de vegetais. / *s.m.* 2. Animal herbívoro.

HE.RE.DI.TA.RI.E.DA.DE
s.f. Herança de características físicas ou morais que passa de pai para filho.

HE.RÓI
s.m. 1. Pessoa com muita coragem, que se diferencia por suas ações extraordinárias. 2. Personagem fantástico que salva o mundo nas histórias em quadrinhos, filmes e livros.

HE.TE.ROS.SE.XU.AL
(cs) *adj.* e *s.2gên.* Que sente atração sexual e afetiva por pessoas do sexo oposto.

HI.A.TO
s.m. 1. Na gramática, conjunto de duas vogais em contato, pertencendo cada uma a sílaba diferente, por exemplo: be-a-to, mo-i-nho, sa-ú--de. 2. Intervalo. 3. Lacuna.

HI.BER.NAR
v. 1. Dormir profundamente. 2. Para alguns animais, passar todo o inverno em uma espécie de sono profundo, para se proteger do frio e armazenar calor.
Os ursos costumam passar todo o inverno hibernando em suas tocas.

HI.DRAN.TE
s.m. Válvula ou torneira de grande calibre, na qual se liga mangueira contra incêndio.

HI.DRÁU.LI.CA
s.f. 1. Ramo da engenharia que trata da passagem de águas ou outros líquidos através de canos, canais, etc. 2. Arte das construções na água.

HI.DRE.LÉ.TRI.CO
adj. Relativo à produção de energia usando água.

HI.DROS.FE.RA
s.f. A camada líquida do globo terrestre, formada pelos oceanos e pelos mares.

HI.E.RAR.QUI.A
s.f. Escala que determina as funções e obrigações de uma empresa ou sociedade, baseada em ordem de importância ou valor.

HIN.DU.ÍS.MO
s.m. Religião e sistema social da maior parte da população da Índia.

HI.NO
s.m. 1. Canto religioso de louvor ou adoração. 2. Canto musicado em exaltação a uma nação, a um partido, etc.

HI.PIS.MO
s.m. Esporte que compreende a equitação, as corridas de cavalos, etc.

HI.PÓ.CRI.TA
adj. e *s.2gên.* Que ou quem finge ser o que não é ou sentir algo que não sente; falso, dissimulado.

HI.PO.PÓ.TA.MO
s.m. Mamífero, herbívoro, próprio da África, de pele muito grossa e sem pelos, patas e cauda curtas, cabeça muito grande e truncada em um focinho largo e arredondado.

HI.PÓ.TE.SE
s.f. 1. Ideia sem comprovação que serve como ponto de partida para uma conclusão posterior; suposição; imaginação; algo que pode ser ou não a causa de um fato. 2. Acontecimento incerto; eventualidade.
Algumas pessoas acreditam na hipótese de o homem não ter pisado na Lua em 1969.

HIS.TÓ.RIA
s.f. 1. Parte da vida da humanidade, de um povo; sequência de acontecimentos que marcaram um período. 2. Narração que reconstitui o desenrolar dos acontecimentos da vida de um povo, um indivíduo, etc. 3. Narração de fatos ou ficção; conto, narrativa.

HOBBY
(róbi) *s.m.* 1. Atividade de descanso praticada geralmente durante as horas de lazer. 2. Passatempo favorito.

HO.LO.CAUS.TO
s.m. Massacre de judeus e de outras minorias, efetuado nos campos de concentração alemães durante a Segunda Guerra Mundial (1939-1945).

HO.MOS.SE.XU.AL
(cs) *adj.* e *s.2gên.* Que sente atração sexual e afetiva por pessoas do mesmo sexo.

HO.NES.TI.DA.DE
s.f. 1. Qualidade ou caráter de honesto. 2. Característica do que é decente, do que tem pureza e é um exemplo de ética.

HON.RA
s.f. Sentimento de dignidade própria que leva o homem a procurar merecer e manter a consideração pública.

HÓ.QUEI
s.m. Jogo praticado em vários tipos de piso (grama, gelo, madeira, cimento), em que duas equipes de 11 jogadores, munidos de bastões, devem lançar um disco até a baliza da equipe adversária.

HO.RI.ZON.TE
s.m. Linha que parece, ao observador, em campo aberto, separar o céu da terra ou do mar, limitando o alcance visual.

HOR.TA.LI.ÇA
s.f. Nome dado a várias espécies de plantas leguminosas comestíveis, cultivadas em horta, tais como couves, alfaces, cenouras, vagens, etc.

HOS.PÍ.CIO
s.m. Hospital psiquiátrico que trata de pessoas com doenças mentais.

HOS.PI.TAL
s.m. Estabelecimento para onde se levam pessoas doentes ou machucadas em busca de tratamento médico.

HOS.TIL
adj. 1. Que manifesta inimizade, rivalidade. 2. Que revela agressividade; ameaçador. 3. Pouco acolhedor. *Aquele cachorro tem um comportamento muito hostil com as crianças da rua.*

HO.TEL
s.m. Estabelecimento onde se alugam quartos ou apartamentos para passar a noite ou uma temporada.

HU.MA.NI.DA.DE
s.f. 1. A natureza humana. 2. Sentimento de bondade e amor ao próximo.
Cecília adquiriu mais humanidade depois de conhecer a realidade dos mais pobres.

HU.MA.NIS.MO
s.m. 1. Movimento inspirado na sociedade greco-romana, que buscava resgatar textos antigos para compreender de forma plena o ser humano. 2. Doutrina que, ao contrário das religiões, coloca o homem como o centro do Universo.

HU.MA.NO
s.m. 1. O homem, o ser humano, espécie humana. / *adj.* 2. Aquele que demonstra compaixão, piedade e empatia ao próximo.

HU.MA.NI.TÁ.RIO
adj. 1. De bons sentimentos para com o ser humano. 2. Que se preocupa com o bem geral da humanidade, ou de alguns indivíduos.

HU.MIL.DA.DE
s.f. 1. Consciência das próprias limitações. 2. Modéstia. 3. Demonstração de respeito.

HU.MI.LHAR
v. 1. Tratar alguém com desprezo, rebaixando ou subestimando seu caráter, capacidade ou características. 2. Oprimir. 3. Referir(-se) a alguém com desdém. 4. Ofender.

HU.MOR
s.m. 1. Estado de espírito, disposição, ânimo. 2. Veia cômica. 3. Líquidos existentes no corpo.

HU.MO.RA.DO
adj. 1. Aquele que está disposto, animado. 2. Bem-humorado.

HÚN.GA.RO
adj. 1. Relativo à Hungria.
2. Povo da Hungria.
/ *s.m.* 3. Língua falada na Hungria.

I

I
s.m. Nona letra do alfabeto.

I.A.RA
s.f. Personagem do folclore brasileiro, também conhecida como mãe-d'água, é uma sereia que vive na Amazônia.

I.BO.PE
s.m. [Instituto Brasileiro de Opinião Pública e Estatística]. 1. Instituto que desenvolve pesquisas de opinião sobre diversos temas com pessoas em várias cidades do Brasil. 2. Prestígio. 3. Sucesso.

ICEBERG
(aicebergue) *s.m.* Palavra de origem inglesa. Grande massa de gelo que se desprende de uma geleira e flutua nos mares árticos e antárticos; geleira.

I.DEN.TI.DA.DE
s.f. 1. Conjunto de características próprias de uma pessoa, um grupo, etc. que possibilitam a sua identificação ou reconhecimento. 2. Documento oficial com foto que serve para identificar os cidadãos residentes no Brasil; RG.

I.DE.O.GRA.MA
s.m. Sinal que representa uma ideia, como os números, sinais de trânsito, símbolos, etc.

I.DE.O.LO.GI.A
s.f. 1. Ciência que estuda a formação das ideias. 2. Maneira de pensar própria de um indivíduo ou grupo de pessoas.

I.DI.O.MA
s.m. Língua falada por uma nação ou povo.
O idioma oficial do Brasil é o português.

I.DO.LA.TRI.A
s.f. 1. Adoração de ídolos. 2. Amor cego, paixão exagerada.

Í.DO.LO
s.m. 1. Estátua, figura ou imagem que representa uma divindade e que é objeto de adoração. 2. Pessoa famosa por quem se tem extrema admiração.

I.GLU
s.m. Habitação dos esquimós feita com blocos de gelo.

IG.NO.RÂN.CIA
s.f. 1. Estado daquele que ignora algo, não tem informação. 2. Falta de conhecimentos, de saber, de cultura. 3. Grosseria.

I.GRE.JA
s.f. 1. Templo dedicado ao culto cristão. 2. Conjunto de fiéis unidos pela mesma fé.

I.GUAL.DA.DE
s.f. 1. Qualidade daquilo que é igual; uniformidade, correspondência, concordância. 2. Equivalência; justiça.

I.GUA.NA
s.f. Lagarto de grande porte, papo inflável e crista que vai da nuca até a cauda, herbívoro, encontrado na América tropical.

I.LE.GAL
adj. 1. Que não é legal. 2. Contrário à lei. 3. Ilegítimo, ilícito, falso.
Dirigir sem usar o cinto de segurança é um ato ilegal de acordo com o regulamento de trânsito brasileiro.

I.LHA
s.f. Extensão de terra firme cercada de água doce ou salgada por todos os lados

I.LU.SÃO
s.f. 1. Engano dos sentidos ou da inteligência. 2. Interpretação errada de um fato ou de uma sensação. 3. Devaneio, sonho.

I.LUS.TRA.ÇÃO
s.f. 1. Breve narrativa, verídica ou imaginária, com que se explica algum ensinamento. 2. Desenho, gravura ou imagem que acompanha o texto de livro, jornal, revista, etc.

I.LUS.TRE
adj. 1. Que se diferencia ou se destaca por qualidades. 2. Que é famoso, célebre; nobre.

Í.MÃ
s.m. Peça de aço magnetizado que atrai o ferro.

I.MA.GI.NA.ÇÃO
s.f. 1. Capacidade de imaginar e criar imagens mentais. 2. Coisa imaginada. 3. Fantasia, ideia, invenção.

I.MA.TU.RO
adj. 1. Que não é maduro; precoce. 2. Que ainda não chegou ao estado de pleno desenvolvimento; prematuro.

I.MI.GRA.ÇÃO
s.f. 1. Entrada de estrangeiros em um país. 2. Estabelecimento de pessoas em cidades, regiões ou países que não são a sua terra natal. 3. Conjunto de pessoas que se mudam para outro país.

I.MI.TAR
v. 1. Reproduzir alguma coisa de forma igual ou semelhante a outra pessoa. 2. Arremedar, copiar. 3. Falsificar.

IM.PAR.CI.AL
adj. Que é justo em seu julgamento, sem favorecer qualquer pessoa ou grupo.
O juiz deve ser imparcial para apitar um jogo de futebol.

IM.PE.RA.DOR
(ô) *s.m.* 1. Aquele que impera.
2. Governante, soberano, rei.

IM.PE.RI.A.LIS.MO
s.m. 1. Forma de governo em que a nação é um império. 2. Expansão ou tendência para a expansão política e econômica de uma nação sobre outras.

IM.PER.TI.NEN.TE

adj. e *s.2gên.* 1. Que causa incômodo, desconforto. 2. Que não tem respeito; atrevido, insolente.

IM.PLI.CÂN.CIA

s.f. 1. Má vontade. 2. Importunação. 3. Birra, cisma, pirraça.
Denise não quis ir ao aniversário de Pedro por pura implicância.

IM.PLO.RAR

v. 1. Pedir com insistência. 2. Suplicar.

IM.PLO.SÃO

s.f. Série de explosões programadas para provocar desmoronamento de prédios e grandes construções de forma rápida e organizada.

IM.PO.NEN.TE

adj. 1. Que causa admiração; majestoso, grandioso. 2. Que impõe respeito, autoridade. 3. Que se julga importante; arrogante.

IM.POR.TA.ÇÃO

s.f. Entrada de mercadorias em um país, estado ou município vindas de outro lugar.

IM.POR.TAN.TE

adj. 1. Que tem importância. 2. Digno de consideração. / *s.m.* 3. O que mais interessa; o essencial. 4. Diz-se daquele que assume ares de poderoso.

IM.POS.TO

(ô) *s.m.* Contribuição financeira imposta pelo Estado; taxa.

IM.POS.TOR

(ô) *adj.* e *s.m.* 1. Aquele que se faz passar pelo que não é. 2. Charlatão, falso.

IM.PREN.SA

s.f. 1. Máquina com que se imprime. 2. Conjunto de jornais escritos ou falados. 3. Conjunto de jornalistas, repórteres.

IM.PRES.SI.O.NIS.MO

s.m. 1. Movimento de pintura francês que buscava retratar a realidade por meio de cores e efeitos de luz. 2. Atividade literária em que os autores buscavam passar suas noções de realidade de forma subjetiva, sem objetividade.

IM.PRE.VIS.TO

adj. e *s.m.* Que não foi previsto; inesperado, surpreendente.
Os bombeiros informaram que o incêndio foi um fato imprevisto, pois as instalações haviam sido fiscalizadas.

IM.PRU.DEN.TE

adj. e *s.2gên.* Que não é prudente; que não toma cuidado; que não se previne de situações perigosas.

IM.PU.NI.DA.DE

s.m. Falta de punição ou castigo a alguém que cometeu crime ou desobedeceu alguma regra.

I.MUN.DÍ.CIE

s.f. 1. Falta de limpeza. 2. Sujeira, lixo.

I.MU.NI.DA.DE

s.f. 1. Conjunto de vantagens e privilégios que são dados a alguns cargos, geralmente políticos, que garantem impunidade e liberdade ao encarregado. 2. Resistência de um organismo contra contaminações; imunização; proteção.

I.NA.LA.ÇÃO

s.f. 1. Inalar; inspirar. 2. Absorção de medicamentos vaporizados por meio de um aparelho.

I.NA.TIN.GÍ.VEL

adj. e *s.2gên.* Que não se pode atingir; inalcançável.

I.NA.TI.VO

adj. 1. Que não está em atividade. 2. Paralisado. / *s.m.* 3. Aposentado (empregado público ou de empresa).

I.NA.TO

adj. Que já nasceu com a pessoa, natural.

I.NAU.DÍ.VEL
adj. Que não se pode ouvir.

I.NAU.GU.RAR
v. Abrir oficialmente ao público pela primeira vez.

IN.CA.PA.CI.DA.DE
s.f. 1. Falta de capacidade, física ou mental, incompetência. 2. Falta de qualificação.

IN.CÊN.DIO
s.m. 1. Fogo intenso. 2. Destruição pelo fogo.

IN.CEN.SO
s.m. Substância aromática que, ao ser queimada, libera um cheiro agradável e duradouro.

IN.CEN.TI.VAR
v. 1. Dar incentivo; encorajar, estimular. 2. Criar ânimo ou vontade; decidir-se.
Marcelo sempre foi incentivado por seus pais a se dedicar aos estudos.

IN.CER.TE.ZA
(ê) *s.f.* Falta de certeza, dúvida, temor.

IN.CES.SAN.TE
adj. 1. Que não acaba, contínuo, eterno. 2. Infinito, constante.

IN.CHA.ÇÃO
s.f. 1. Ato ou efeito de inchar, aumentar o volume. 2. Tumor, inflamação.

IN.CLU.SÃO
s.f. 1 Incluir, integrar um elemento a um todo. 2. Integração plena de pessoas que tenham algum tipo de deficiência em todos os tipos de atividades.

IN.CO.LOR
adj. Sem cor.

IN.CÔ.MO.DO
adj. 1. Desconfortável. 2. Que incomoda. / *s.m.* 3. Aborrecimento, importunação, desagrado.

IN.COM.PRE.EN.SÍ.VEL
adj. 1. Que não pode ser explicado. 2. Que é muito difícil de compreender. 3. Obscuro, misterioso, ilegível. *Os ideogramas japoneses são incompreensíveis para aqueles que não conhecem essa língua.*

IN.CON.FOR.MIS.MO
s.m. 1. Tendência de não se conformar, de não aceitar situações incômodas ou desfavoráveis. 2. Tendência de confrontar opiniões ou regras que a maioria acata com facilidade.

IN.DE.LI.CA.DE.ZA
(ê) *s.f.* 1. Falta de delicadeza, de cuidado na escolha das palavras ou atitudes. 2. Grosseria, descortesia.

IN.DE.PEN.DÊN.CIA
s.f. 1. Estado, qualidade ou condição de independente. 2. Liberdade, autonomia.

IN.DE.SE.JÁ.VEL
adj. 1. Não desejável. 2. Que não é bem aceito; detestável.

ÍN.DI.CE
s.m. Lista organizada em ordem alfabética de nomes de pessoas, nomes geográficos, acontecimentos, assuntos, tópicos, etc. em um livro ou publicação.

IN.DI.FE.REN.ÇA
s.f. 1. Falta de interesse ou sensibilidade; descaso, menosprezo, desdém. 2. Despreocupação, desprendimento.

IN.DÍ.GE.NA
s.2gên. Relativo à população que já habitava as Américas antes da colonização.

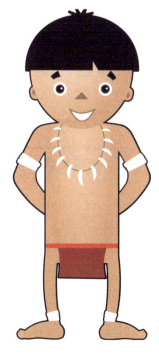

IN.DI.GES.TÃO

s.f. 1. Digerir mal. 2. Distúrbio passageiro das funções digestivas, que causa cólica, náusea e vômito.

IN.DIG.NA.ÇÃO

s.f. 1. Sentimento de raiva despertado por algo que se considera injusto. 2. Desprezo, ódio, inconformismo.

IN.DI.RE.TA

s.f. Aquilo que se dá a entender, evitando dizer abertamente o que se pensa ou quer.

IN.DIS.CI.PLI.NA

s.f. 1. Ação contrária à disciplina; desobediência. 2. Confusão, revolta.

IN.DIS.PO.SI.ÇÃO

s.f. 1. Falta de disposição, de ânimo. 2. Mal-estar passageiro.

IN.DI.VI.DU.A.LIS.MO

s.m. 1. Atitude egoísta. 2. Tendência a pensar somente em si mesmo.

IN.DI.VÍ.DUO

adj. 1. Ser único de determinada espécie, comunidade ou grupo / *s.m.* 2. Pessoa; ser humano.

ÍN.DO.LE

s.f. 1. Modo de ser característico de uma pessoa desde o nascimento, caráter, temperamento. 2. Conjunto de características; tipo.
Todos acreditavam que Maurício tinha uma boa índole e não seria capaz de fazer mal a ninguém.

IN.DÚS.TRIA

s.f. 1. Empresa de produção ou fabricação de bens materiais. 2. O conjunto das fábricas de determinado setor; o complexo industrial.

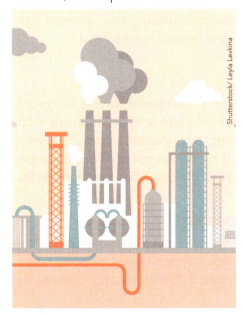

I.NÉ.DI.TO

adj. 1. Que não foi publicado, impresso, visto ou divulgado. 2. Incomum, original.

I.NÉR.CIA
s.f. 1. Falta de ação; ausência de iniciativa; estagnação. 2. Apatia, preguiça. 3. Na Química, é a propriedade de uma substância de não reagir quando entra em contato com outra.

I.NEX.PLI.CÁ.VEL
adj. e s.m. 1. Que não se pode explicar; obscuro. 2. Difícil de entender; incompreensível, estranho.

IN.FÂN.CIA
s.f. Período de vida do ser humano que vai desde o nascimento até a adolescência.
Tenho saudades da minha infância.

IN.FAN.TA.RI.A
s.f. Tropa do exército que faz serviço a pé.

IN.FAR.TO
s.m. Morte de células em consequência da parada de circulação de sangue na artéria que as irriga; enfarte, enfarto, infarte.

IN.FEC.ÇÃO
s.f. Doença provocada pelo desenvolvimento de bactérias, vírus.

IN.FI.NI.TO
adj. 1. Que não tem fim, sem limites, sem medida. 2. Eterno. 3. Incontável.

IN.FLA.MA.ÇÃO
s.f. Reação local do organismo contra micróbios, que se caracteriza pela cor, dor, calor, etc., da parte infectada.

IN.FLU.ÊN.CIA
s.f. 1. Ação que uma pessoa ou coisa exerce sobre outra. 2. Prestígio, dominação. 3. Autoridade moral.

IN.FU.SÃO

s.f. Conservação temporária de uma substância em líquido para que dela se retirem ativos medicinais.

IN.GE.NU.I.DA.DE

s.f. 1. Qualidade de ingênuo. 2. Simplicidade extrema, inocência. 3. Ato ou dito infantil.

IN.GRA.TI.DÃO

s.f. Falta de gratidão, de reconhecimento ou de agradecimento por algo recebido.

IN.GRE.DI.EN.TE

s.m. Componente usado na fabricação de um medicamento ou de uma comida; elemento integrante de.

ÍN.GRE.ME

adj. 1. Que é muito inclinado, por isso difícil de subir e descer. 2. Árduo, arriscado, trabalhoso.
A rua de minha casa é muito íngreme, por isso é preciso ter cuidado quando se dirige por ela.

I.NI.MI.GO

adj. 1. Que não é amigo. 2. Adverso, contrário, hostil. / *s.m.* 3. Pessoa que tem inimizade a alguém. 4. Nação, tropa, gente com quem se está em guerra.

IN.JE.ÇÃO

s.f. Aplicação de remédio no corpo, usando seringa e agulha.

IN.JUS.TI.ÇA

s.f. 1. Falta de justiça. 2. Desonestidade, fraude. 3. Ato contrário à justiça.

I.NO.CEN.TE

adj. 1. Que ou quem não é culpado, inofensivo. 2. Isento de malícia. 3. Simples, ingênuo.

I.NO.DO.RO
adj. Que não tem odor, sem cheiro.

I.NO.FEN.SI.VO
adj. 1. Que não ofende, que não é agressivo. 2. Que não faz mal.

IN.SEN.SI.BI.LI.DA.DE
s.f. 1. Característica do que é insensível a estímulos físicos. 2. Incapacidade de se emocionar; indiferença, frieza.

IN.SE.TI.CI.DA
adj. e *s.m.* Diz-se de ou substância que mata insetos.

IN.SE.TO
s.m. Animal que possui um par de antenas, geralmente dois pares de asas e três pares de patas, respiram por traqueias e são terrestres. A maioria se reproduz por meio de ovos.

IN.QUÉ.RI.TO
s.m. 1. Ato ou efeito de investigar, pesquisar. 2. Interrogatório, investigação.

IN.QUI.LI.NO
s.m. Aquele que mora em casa alugada.

IN.SA.NI.DA.DE
s.f. 1. Condição de insano; loucura, demência. 2. Insensatez.

IN.SE.GU.RAN.ÇA
s.f. 1. Falta de segurança. 2. Falta de confiança em si mesmo.
Amanda venceu sua própria insegurança e perdeu o medo de nadar.

IN.SIG.NI.FI.CÂN.CIA
s.f. 1. Qualidade do que é insignificante. 2. Coisa de pouco valor, de mínima importância. 3. Quantia muito pequena.

IN.SI.NU.AR

v. Dar a entender de modo indireto e sutil; sugerir.
A diretora insinuou para a professora que nossa sala estava falando muito alto.

IN.SÍ.PI.DO

adj. Sem sabor; sem gosto.

IN.SO.LA.ÇÃO

s.f. Mal causado pelo excesso de exposição ao Sol.

IN.SO.LEN.TE

adj. 1. Desrespeitoso em seus ditos e atitudes; malcriado, atrevido, desaforado. 2. Que trata os demais como inferiores; arrogante.

IN.SÓ.LI.TO

adj. 1. Que não é habitual ou frequente; estranho, raro. 2. Que é contrário à tradição, aos costumes e às regras.

IN.SÔ.NIA

s.f. 1. Falta de sono, vigília. 2. Dificuldade de dormir.

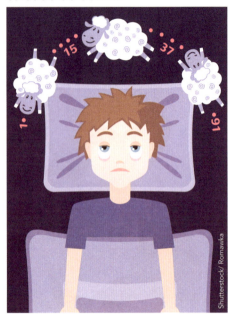

INS.PI.RAR

v. 1. Colocar o ar nos pulmões por meio dos movimentos do tórax. 2. Causar inspiração ou entusiasmo.

INS.TAN.TÂ.NEO

adj. 1. Que acontece em um instante; rápido, súbito, breve, acelerado. 2. Que se produz repentinamente.

INS.TÁ.VEL

adj. 1. Sem estabilidade ou segurança, sem condições de permanência. 2. Variável, volúvel.

INS.TIN.TO

s.m. Impulso natural que leva pessoas e animais a fazerem coisas que ninguém os ensinou.

INS.TI.TU.I.ÇÃO
s.f. Sociedade de caráter social, educacional, filantrópico, religioso, etc.

INS.TRU.MEN.TO
s.m. 1. Aparelho, objeto ou utensílio que serve para executar uma obra ou para auxiliar uma operação. 2. Aparelho que produz sons musicais.

INS.TRU.TOR
(ô) *adj.* e *s.m.* Aquele que dá instruções ou educação.

IN.SU.BOR.DI.NA.ÇÃO
s.f. Ação de se rebelar contra as ordens dadas.

IN.SUL.TO
s.m. 1. Falta de respeito, desprezo. 2. Ofensa, por atos ou palavras.

IN.SU.POR.TÁ.VEL
adj. Que não se pode suportar; inadmissível, incômodo.

IN.SUS.TEN.TÁ.VEL
adj. 1. Que não se pode sustentar, defender ou preservar. 2. Insuportável. 3. Que não há argumento; sem fundamento.

IN.TAC.TO
adj. 1. Que não foi tocado, mexido ou alterado. 2. Que não sofreu dano.
Os convidados não devem ter gostado da sobremesa, pois ela ficou intacta.

IN.TE.GRAL
adj. 1. Inteiro, total. 2. Que contém suas propriedades originais.

IN.TE.LI.GÊN.CIA
s.f. 1. Capacidade de entender, pensar, raciocinar e interpretar. 2. Compreensão, conhecimento profundo.

IN.TE.LI.GÍ.VEL
adj. 1. De fácil compreensão e entendimento. 2. Claro, perceptível, compreensível.

IN.TEN.ÇÃO
s.f. 1. Propósito. 2. Pensamento secreto. 3. Vontade, desejo.

IN.TER.CON.TI.NEN.TAL
adj. 1. Situado entre continentes. 2. Que se refere a dois ou mais continentes.

IN.TE.RES.SEI.RO
adj. e *s.m.* Que ou quem finge simpatia visando apenas seus próprios interesses.

IN.TER.JEI.ÇÃO
s.f. Palavra ou expressão que exprime emoção, ordem, apelo ou reproduz certos ruídos.

IN.TER.NA.CIO.NAL
adj. 1. Relativo às relações entre nações. 2. Efetuado entre nações.

IN.TER.NO
adj. Que fica do lado de dentro de algo.

IN.TÉR.PRE.TE
s.2gên. 1. Pessoa que interpreta. 2. Pessoa que auxilia duas pessoas que falam línguas diferentes a conversar. 3. Tradutor.

IN.TER.RO.GAR
v. 1. Perguntar, investigar. 2. Questionar, propor questões.
O promotor disse que vai interrogar todos os suspeitos do crime.

IN.TE.RUR.BA.NO
adj. 1. Que se realiza entre cidades. / *s.m.* 2. Telefonema entre duas cidades.

IN.TES.TI.NO
s.m. Órgão que fica no interior do abdome e que ajuda na digestão, aproveitando os nutrientes dos alimentos e a água e eliminando aquilo que não é necessário.

IN.TI.MI.DA.DE
s.f. 1. Familiaridade, proximidade. 2. Relação muito próxima; amizade; convivência fraterna. 3. Privacidade.

IN.TO.LE.RÂN.CIA
s.f. Tendência a não suportar ou condenar o que não agrada; falta de tolerância; intransigência.

IN.TO.XI.CA.ÇÃO
(cs) *s.f.* 1. Ato ou efeito de intoxicar, envenenamento. 2. Introdução de substância tóxica no organismo.

IN.TRAN.SI.TI.VO
(zi) *adj.* e *s.m.* Na gramática, é verbo que apresenta sentido completo, não necessitando de complemento verbal, como: nascer, morrer, acordar, etc.

IN.TRI.GA
s.f. 1. Plano secreto, trama para obter proveito ou prejudicar alguém. 2. Cilada, falsidade. 3. Enredo de uma peça literária.

IN.TRO.ME.TI.DO
adj. 1. Que se intromete. / *s.m.* 2. Indivíduo que se mete onde não lhe diz respeito. 3. Ousado, atrevido.

IN.TU.I.ÇÃO
s.f. 1. Percepção rápida e imaginativa, não racional. 2. Pressentimento. *Minha mãe sempre me diz que a intuição dela não falha.*

IN.TUI.TO
(túi) *s.m.* 1. Aquilo que se tem em mente ou em vista. 2. Finalidade; plano; propósito.

I.NUN.DA.ÇÃO
s.f. Grande volume de águas que causam alagamentos; enchente.

I.NÚ.TIL

adj. 1. Aquilo que não tem utilidade. 2. Desnecessário.
A tentativa de convencer Rafael foi inútil; ele não deu ouvidos a ninguém.

IN.VA.LI.DEZ

(ê) s.f. 1. Qualidade ou estado de inválido. 2. Invalidade; inutilidade. 3. Impossibilidade para o exercício de alguma profissão.

IN.VE.JA

s.f. Desejo de possuir alguma coisa que outra pessoa tem.

IN.VEN.ÇÃO

s.f. 1. Criação de alguma coisa que ainda não existe. 2. Ideia espirituosa; descoberta.

IN.VEN.TÁ.RIO

s.m. 1. Descrição detalhada dos bens deixados por pessoa falecida. 2. Relação detalhada de algo; levantamento, lista.

IN.VER.NO

s.m. Uma das quatro estações do ano, entre o outono e a primavera, e na qual faz muito frio.

IN.VER.TE.BRA.DO

adj. e s.m. Animal que não tem coluna vertebral.

IN.VES.TI.GA.ÇÃO

s.f. 1. Ato ou efeito de pesquisar ou investigar. 2. Indagação cuidadosa; averiguação.

IN.VI.SÍ.VEL

adj. 1. Que não se pode ou não se deixa ver. / s.m. 2. O que não pode ser visto.

I.O.GA

s.f. Conjunto de exercícios que envolvem, principalmente, a postura e a respiração, praticados a partir dos ensinamentos filosóficos indianos.

I.O.GUR.TE
s.m. Alimento industrializado composto de leite coalhado e fermento, de consistência cremosa e diversos sabores, como morango, baunilha, etc.

I.PÊ
s.m. Árvore de madeira resistente e que pode ter flores roxas, amarelas, brancas ou róseas.

I.RA
s.f. 1. Raiva; cólera; fúria. 2. Aversão; ódio.

Í.RIS
s.f. Membrana redonda do olho, de cor variada e que regula a entrada de luz no olho através de uma abertura central, chamada pupila.

IR.MAN.DA.DE
s.f. 1. Fraternidade, familiaridade. 2. Parentesco entre irmãos.

I.RO.NI.A
s.f. 1. Expressão de sentimento ou ideia com palavras que, aparentemente, exprimem o contrário. 2. Ar ou gesto irônico.

IR.RA.CI.O.NAL
s.2gên. 1. Animal que não tem a faculdade de raciocínio. / *adj.* 2. Que não é racional, contrário à razão.

IR.RA.DI.AR
v. 1. Emitir, difundir, lançar de si raios luminosos. 2. Espalhar, propagar. 3. Divulgar pelo rádio.

IR.RE.AL
adj. 1. Sem vida real. 2. Fantasioso; imaginário. 3. Fantástico.

IR.RE.GU.LAR
adj. 1. Que não tem regularidade ou continuidade. 2. De formato ou tamanho desiguais. 3. Que não é regular, que carece de rotina.
Era difícil andar de bicicleta naquela rua, porque o asfalto era irregular.

IR.RE.LE.VÂN.CIA
s.f. Sem importância.

IR.RE.SIS.TÍ.VEL
adj. 1. O que não se pode resistir. 2. Que exerce atração ou sedução.

IR.RES.PON.SÁ.VEL
adj. e *s.2gên.* 1. Quem não pode ser responsabilizado. 2. Inconsequente.

IR.RI.TAR
v. 1. Deixar alguém nervoso, sem paciência. 2. Perturbar.

IS.CA
s.f. Tudo o que se põe no anzol de uma vara de pescar para atrair os peixes.

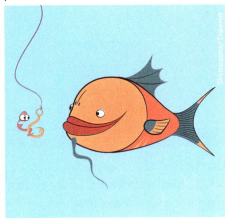

I.SEN.ÇÃO
s.f. 1. Desprendimento. 2. Ato de livrar alguém da responsabilidade ou da obrigação de fazer algo.

I.SEN.TO
adj. Desobrigado, livre.

I.SO.LAR
v. 1. Separar de forma que não ocorra comunicação. 2. Tornar incomunicável ou solitário. 3. Afastar-se do convívio social.

I.SO.POR
(ô) *s.m.* Espuma usada como isolante térmico.

IS.QUEI.RO
s.m. Aparelho que produz chama por meio de um líquido inflamável, usado para acender cigarros e charutos.

I.TA.LI.A.NO
adj. 1. Que ou quem vem da Itália. / *s.m.* 2. Língua falada na Itália.

I.TI.NE.RÁ.RIO
adj. 1. Caminho. 2. Descrição de roteiro de viagens.
Estamos planejando com cuidado o itinerário de nossa viagem para podermos aproveitar tudo.

J

J
(jota) *s.m.* Décima letra do alfabeto.

JA.BU.TI
s.m. Espécie de tartaruga terrestre, que possui um casco duro com desenhos em relevo nas costas, cabeça retrátil, e que vive nas matas do Panamá ao Norte da Argentina; cágado.

JA.BU.TI.CA.BEI.RA
s.f. Árvore de médio porte, que produz pequenos frutos pretos comestíveis chamados jabuticabas.

JA.CA.RAN.DÁ
s.m. Árvore que produz madeira de lei muito apreciada.
A mesa da cozinha foi fabricada com madeira de jacarandá.

JA.CA.RÉ
s.m. Réptil da família dos crocodilos, vive em lagos e rios, principalmente na Amazônia e no Pantanal.

JA.DE
s.m. Pedra decorativa muito dura, considerada semipreciosa, variando na cor esbranquiçada a verde-escura.

JA.GUAR
s.m. Onça-pintada.

JA.LE.CO
s.m. Casaco comprido, geralmente branco, usado por médicos e dentistas.

JA.MAN.TA
s.f. 1. Caminhão grande, com longa carroceria separada da cabine, projetada para o transporte de automóveis; carreta. 2. Pessoa grande e desajeitada.

JA.NE.LA

s.f. 1. Abertura na parede de um edifício, de uma casa, de um carro, etc., para a passagem da luz e do ar. 2. Armação de madeira, ferro ou outro material, com que se fecha essa abertura.

JAN.GA.DA

s.f. Embarcação rasa e chata composta de tábuas ou troncos de árvore, destinada à pesca e usada como meio de transporte.

JA.PO.NÊS

adj. 1. Referente ou pertencente ao Japão. / *s.m.* 2. Pessoa nascida ou que vive no Japão; nipônico. 3. A língua oficial do Japão.

JA.RA.RA.CA

s.f. 1. Nome comum a diversas serpentes venenosas, que têm cabeça triangular e cauda pontuda. 2. Pessoa má, traiçoeira.

JAR.DIM

s.m. Pedaço de terreno destinado ao cultivo de flores e árvores decorativas.

JAR.GÃO

s.m. Linguagem própria de certos grupos, ou de pessoas que têm determinada profissão.
Não é muito fácil compreender o jargão dos médicos, pois eles usam muitos termos técnicos.

JAR.RO

s.m. 1. Recipiente alto e volumoso, com asa e bico, próprio para água, vinho, suco, etc. 2. Vaso para colocar flores.

JAS.MIM

s.m. 1. Planta com pequenas flores brancas, amarelas ou róseas, perfumadas, cultivadas como enfeite e também para aromatizar chás. 2. A flor dessa planta.

JAU.LA

s.f. 1. Grande gaiola, com grades de ferro, para prender animais ferozes. 2. Cadeia; prisão.

JA.VA.LI

s.m. Porco selvagem de grande porte e grandes presas.

JAZZ
(djéz) *s.m.* Palavra de origem inglesa. Música de origem norte-americana, caracterizada, principalmente, pela improvisação.

JEANS
(djínz) *s.m.* Palavra de origem inglesa. 1. Tecido de algodão muito resistente, geralmente azul. 2. Calças ou outras roupas feitas desse tecido.

JEI.TO
s.m. 1. Modo, maneira específica de fazer algo. 2. Destreza, habilidade. 3. Único meio, solução.

JEI.TO.SO
(ô) *adj.* 1. Habilidoso, apto. 2. De boa aparência. 3. Adequado, apropriado.

JE.JU.AR
v. 1. Praticar o jejum; ficar sem comer, por vontade própria ou não. 2. Privar-se; deixar de fazer algo que goste.

JE.JUM
s.m. O ato de deixar de se alimentar por vontade própria, prescrição médica ou religião.

JE.QUI.TI.BÁ
s.m. Árvore de grande porte nativa da América do Sul, de tronco grosso e madeira de qualidade.

JE.RI.MUM
s.m. O mesmo que abóbora. *Esta semana aprendi a fazer um doce de coco com jerimum.*

JI.BOI.A
s.f. 1. Grande serpente, não venenosa. 2. Planta de folhas com a forma semelhante à do coração, manchadas de branco ou amarelo.

JI.LÓ
s.m. Fruto do jiloeiro, de sabor muito amargo.

JINGLE
(gingou) *s.m.* Palavra de origem inglesa. Música curta cantada, que é tocada em propagandas de televisão ou de rádio.

JI.PE
s.m. Automóvel pequeno com tração nas quatro rodas, criado durante a Segunda Guerra Mundial, para ser utilizado como veículo militar.

JIU-JÍT.SU
s.m. Modalidade de luta corporal, proveniente das artes marciais orientais, que envolve diversas técnicas de ataque e defesa, com o objetivo de imobilizar o adversário.

JO.A.LHE.RI.A
s.f. Estabelecimento onde se vendem joias.

JO.A.NE.TE
(ê) *s.m.* Espécie de caroço que nasce na articulação do dedão do pé.

JO.A.NI.NHA
s.f. Pequeno besouro de corpo oval e cores vivas e variadas.

JO.ÃO-DE-BAR.RO
s.m. Pássaro que constrói seu ninho, com barro amassado, em forma de forno.

JO.E.LHO
(ê) *s.m.* Articulação óssea que liga a coxa com a perna.

JO.GA.DOR
(ô) *adj.* e *s.m.* 1. Quem ou o que joga. 2. O que sabe jogar.

JO.GO
(ô) *s.m.* 1. Atividade, divertimento em que os jogadores devem obedecer a regras. 2. Passatempo; brincadeira.

JOI.A
s.f. 1. Objeto feito com material de valor (ouro, prata, pedras preciosas) e utilizado como enfeite pessoal. 2. Pessoa ou coisa de ótima qualidade ou merecedora de admiração ou estima.
Minha sobrinha é uma joia de menina.

JÓ.QUEI
s.m. 1. Atleta que monta cavalos de corridas. 2. Clube onde se fazem corridas de cavalos.

JOR.NA.DA
s.f. 1. Marcha ou percurso que se faz em um dia. 2. Viagem por terra.

JOR.NAL
s.m. 1. Publicação diária, que informa ao leitor notícias recentes. 2. Noticiário transmitido pelo rádio ou TV.

JOR.NA.LIS.TA
s.2gên. Pessoa formada em jornalismo, que trabalha ou escreve em jornal, revista ou programas de TV ou rádio.

JO.VEM
adj. 1. Moço, novo. 2. Pessoa que ainda não é adulta, mas também não é mais criança. 3. Que é feito por jovens ou a eles destinado.

JU.BA
s.f. 1. A grande quantidade de pelo que fica em volta da cabeça do leão. 2. Cabeleira farta e despenteada.

JU.DA.ÍS.MO
s.m. 1. Religião dos judeus. 2. Conjunto das pessoas que seguem essa religião.

JU.DAS
s.m. 1. Boneco que é malhado no Sábado de Aleluia. 2. Amigo falso e traidor.
Por ter traído sua confiança, a garota apelidou o ex-namorado de Judas.

JU.DÔ
s.m. Luta de origem japonesa, na qual o praticante precisa ser rápido e atento, e tem o objetivo de derrubar o adversário de costas no chão.

JU.IZ

s.m. 1. Pessoa que tem a função de aplicar a justiça e fazer executar a lei. 2. Membro de um júri. 3. Em uma competição esportiva, a pessoa responsável por verificar se as regras do jogo estão sendo seguidas corretamente, e marcar pontos e faltas cometidos.

JU.JU.BA

s.f. 1. Árvore com folhagem vistosa e frutos comestíveis, de uso medicinal. 2. Fruto dessa árvore. 3. Guloseima feita de açúcar e amido; bala de goma.

JU.MEN.TO

s.m. 1. Mamífero quadrúpede, semelhante a um cavalo, porém, menor e com orelhas maiores, utilizado, para transportar carga; jegue, asno, burro, jerico. 2. Diz-se do indivíduo muito grosseiro; pouco inteligente.

JÚ.PI.TER

s.m. 1. O maior dos planetas do sistema solar, e o quinto mais próximo do Sol. 2. Na Mitologia, é o rei dos deuses romanos, correspondente ao Zeus dos gregos.

JU.RU.RU

adj. Abatido, melancólico, triste.
O menino ficou todo jururu quando viu que não poderia sair para brincar na chuva.

JUS.TI.ÇA

s.f. Virtude que consiste em dar ou deixar a cada um o que lhe pertence por direito.

JUS.TO

adj. 1. Diz-se daquilo que está de acordo com a justiça, com a razão e com a lei. 2. Que se adapta perfeitamente, sem folgas.

JU.VEN.TU.DE

s.f. 1. Período da vida entre a infância e a idade adulta; adolescência. 2. Gente jovem como um todo.

K
(cá) *s.m.* Décima primeira letra do alfabeto.

KAISER
(cáiser) *s.m.* Palavra de origem alemã. Imperador.

KAMIKAZE
(camicáse) *s.m.* Palavra de origem japonesa. 1. Avião japonês carregado de explosivos, utilizado para provocar choque suicida. 2. Membro de um esquadrão que pilotava esses aviões; camicase.

KARAOKE
(caraoquê) *s.m.* 1. Palavra de origem japonesa. Aparelho que reproduz fundos instrumentais de músicas para que se cante junto. 2. Local onde se oferece esse lazer.

KARATE
s.m. Palavra de origem japonesa. Arte marcial japonesa, que trabalha a defesa pessoal, com movimentos de braços e pernas; caratê.

KARDECISMO
s.m. Doutrina religiosa iniciada pelo francês Allan Kardec; que procura explicar a reencarnação do espírito. *Meus pais são adeptos do kardecismo.*

KARMA
s.m. 1. Palavra de origem indiana. Para o budismo e o hinduísmo, nome dado às consequências que as nossas ações do passado rendem no futuro; carma. 2. Intenção.

KART

s.m. Palavra de origem inglesa. Pequeno carro motorizado, sem marchas, usado em competições.

KAR.TIS.MO

s.m. Tipo de competição esportiva constituída por corridas de kart.

KETCHUP

(quétxâp) *s.m.* Palavra de origem inglesa. Molho de tomate temperado com vinagre e outros ingredientes e levemente adocicado.

KILT

(quilt) *s.m. Palavra de origem inglesa.* Saiote típico do vestuário masculino escocês, cuja barra fica à altura dos joelhos, feito de lã com desenho xadrez.

KIT

s.m. Palavra de origem japonesa. Conjunto de objetos colocados juntos e que possuem relação entre si ou têm um objetivo comum.
Recebemos um kit de primeiros socorros no curso de Segurança do Trabalho.

KIWI

(quiuí) *s.m.* Fruta de forma oval, polpa verde e casca fina e marrom, com ligeira penugem.

KM

Símbolo de quilômetro.

KÔMBI

s.m. Automóvel para transporte de passageiros ou cargas.

KUNG FU

(cung-fú) *s.m.* Palavra de origem chinesa. Arte marcial chinesa.

L

L
(éle) *s.m.* Décima segunda letra do alfabeto.

LÃ
s.f. 1. Pelo animal, especialmente de ovelhas e carneiros. 2. Tecido feito desse pelo.

LÁ.BIO
s.m. 1. Borda que contorna a abertura bucal. 2. Boca.

LA.BI.RIN.TO
s.m. 1. Lugar composto de caminhos entrecruzados e muitas divisões, de modo que é muito difícil achar a saída. 2. Canais que formam a orelha interna.

LA.BO.RA.TÓ.RIO
s.m. 1. Local com equipamentos para trabalhos de ciências ou investigação científica, etc. 2. Lugar onde são feitos exames médicos.

LA.ÇO
s.m. 1. Nó desatado com facilidade; laçada. 2. Armadilha de caça. 3. Corda com uma argola corredia em uma das extremidades.

LA.CRI.ME.JAR
v. 1. Derramar lágrimas, chorar. 2. Gotejar, pingar.

LAC.TAN.TE
adj. 1. Que produz leite. / *s.f.* 2. Mulher que amamenta.

LAC.TO.SE
s.f. Açúcar encontrado no leite.
Pedrinho precisa tomar leite sem lactose, porque é alérgico a essa substância.

LA.DO
s.m. 1. Parte direita ou esquerda de qualquer coisa; superfície; face. 2. Parte interna ou externa de um objeto. 3. Direção, sentido.

LA.DRÃO
adj. e *s.m.* Pessoa que furta, rouba ou se apodera de algo que não lhe pertence.

LA.DRI.LHO
s.m. Peça de barro para revestimentos de pisos ou paredes.

LA.GAR.TA
s.f. 1. Larva de borboletas e mariposas. 2. Primeira fase da vida desses insetos.

LA.GAR.TO
s.m. 1. Nome comum dado aos répteis de corpo alongado, pernas curtas e cauda comprida. 2. Certa parte da carne da coxa do boi.

LA.GO
s.m. 1. Certa quantidade de água cercada de terras. 2. Tanque decorativo de jardim.

LA.GOS.TA
(ô) *s.f.* Crustáceo marinho de cor avermelhada, casca grossa, antenas longas e carne saborosa.

LÁ.GRI.MA
s.f. Gota de líquido incolor e salgado que cai dos olhos quando eles estão irritados ou quando a pessoa chora.

LA.MA
s.f. Mistura pastosa de terra e substâncias orgânicas, com muita água; lodo, barro.

LA.MEN.TA.ÇÃO
s.f. 1. Ato ou efeito de lamentar. 2. Clamor, queixas, lamento.
A lamentação do rapaz pelo roubo de sua bicicleta demorou mais de um mês.

LÂM.PA.DA
s.f. Ampola de vidro que pode ter vários tamanhos e formatos, e produz luz.

LAN.CHA
s.f. 1. Pequena embarcação movida a motor. 2. Sapato muito grande ou alargado pelo uso; pé avantajado.

LAN.TER.NA
s.f. Objeto portátil de iluminação com lâmpada elétrica e pilhas.

LA.PE.LA
s.f. Parte anterior e superior dos paletós ou casacos voltada para fora.

LAR
s.m. 1. A casa onde se habita. 2. Terra natal; pátria. 3. Família.

LA.REI.RA
s.f. Vão de parede ligado a uma chaminé onde se acende fogo para aquecer o ambiente do aposento.

LAR.GU.RA
s.f. Distância de lado a lado de uma superfície; dimensão transversal.

LA.RIN.GE
s.f. Órgão que contém as cordas vocais, situado entre a parte posterior da língua e a traqueia.
A inflamação da laringe é chamada de laringite.

LAR.VA
s.f. Estágio de alguns animais que ainda não se desenvolveram completamente, como alguns peixes, anfíbios e invertebrados.

LA.SA.NHA
s.f. Prato composto de tiras de massa, recheio e molho.

LAS.CA
s.f. 1. Pedaço de madeira, pedra ou metal. 2. Pedaço mínimo de alguma coisa.

LASER
(lêizer) *s.m.* Palavra de origem inglesa. Fonte de luz desenvolvida para produzir um raio de luz de grande intensidade luminosa e muito utilizado na informática, na indústria e na medicina.

LÁ.TEX
(cs) *s.m.* Substância líquida que escorre de muitos vegetais quando lhes cortam o caule ou as folhas, geralmente extraída da seringueira, usada na fabricação de borracha.

LA.TIM
s.m. Língua falada em Roma no século VII antes de Cristo, sendo até hoje a língua oficial da Igreja Católica.

LA.TI.NO-A.ME.RI.CA.NO
adj. 1. Que se refere ou pertence a qualquer uma das nações ou países americanos. 2. Referente à parte da América onde se situam esses países. / *s.m.* 3. Pessoa natural de algum desses países.

LA.TI.TU.DE
s.f. Distância do equador a um lugar da Terra, medida em graus sobre o meridiano desse lugar.

LA.VA
s.f. Matéria expelida pelos vulcões que vira pedra pelo esfriamento.

LA.VAN.DA
s.f. 1. Alfazema. 2. Água-de-colônia feita com variedades de lavanda. 3. Pequena taça com água morna para lavar os dedos durante ou após as refeições.

LA.ZER
(ê) *s.m.* Tempo livre, descanso, folga. *Eu gosto de jogar futebol e de passear nos meus momentos de lazer.*

LE.AL
adj. 1. Que é honesto e sincero. 2. Que honra os compromissos assumidos.

LE.ÃO
s.m. Mamífero carnívoro, de quatro patas, pelo amarelo, cujo macho possui uma longa juba.

LE.CI.O.NAR
v. Dar aula; ensinar; exercer a profissão de professor.
Antes, o professor Paulo lecionava Geografia; agora, leciona Sociologia.

LE.GEN.DA
s.f. 1. Pequeno texto, descritivo ou explicativo, que é colocado logo abaixo das ilustrações, fotografias ou filmes. 2. Letreiro, rótulo.

LE.GIS.LA.ÇÃO
s.f. 1. Conjunto de leis de uma nação. 2. A ciência do Direito, das leis.

LE.GÍ.VEL
adj. 1. Que pode ser lido. 2. Escrito de maneira nítida e bem visível.

LEI
s.f. Regra ou conjunto de regras que todo indivíduo de uma nação deve obedecer.

LEI.LÃO
s.m. Venda pública de objetos àquele que oferecer maior lance.

LEI.TE
s.m. 1. Líquido extraído das mamas das fêmeas dos mamíferos; serve para alimentar seus filhotes, no caso dos animais, e os bebês, no caso dos humanos. 2. Suco branco de alguns vegetais.

LE.MA
s.m. Frase que resume um ideal que se busca.

LE.ME
s.m. Peça ou estrutura plana de madeira ou metal que serve para dirigir embarcações ou aviões.

LEN.DA

s.f. 1. História fantasiosa sobre personagens ou seres sobrenaturais e que faz parte da tradição de um povo. 2. Narrativa contada de geração para geração, cuja realidade dos fatos não se pode provar. 3. História fantástica, imaginosa.

LE.O.PAR.DO

s.m. Mamífero carnívoro, felino.

LES.MA

(ê) *s.f.* Nome comum a certos moluscos, terrestres, que não possuem concha.

LEU.CE.MI.A

s.f. Doença caracterizada pelo aumento do número de leucócitos no sangue.

LEU.CÓ.CI.TO

s.m. Célula encontrada no sangue, responsável pela defesa do organismo; glóbulo branco.

LE.VI.TAR

v. Erguer-se no espaço sem apoio visível.
O mágico surpreendeu a todos quando fez o vaso de flores levitar.

LÉ.XI.CO

(cs) *s.m.* 1. Dicionário. 2. Glossário. 3. Vocabulário.

LHA.MA

s.2gên. Ruminante camelídeo originário do Peru, de pelagem comprida e lanosa, e usado como animal de carga.

LI.BÉ.LU.LA

s.f. Inseto de olhos grandes, com corpo longo e fino, asas transparentes, que voa junto à água e se alimenta de insetos.

LI.BER.DA.DE

s.f. 1. Poder de escolher as coisas. 2. Independência, autonomia. 3. Estado ou condição de quem é livre.

LI.DE.RAN.ÇA

s.f. 1. Posição, função ou característica de líder. 2. Espírito de chefia.

LIGHT
(láit) *adj.* Palavra de origem inglesa. Diz-se de alimento com poucas calorias ou com teor reduzido de gordura, açúcar, sal, álcool, etc.

LI.LÁS
s.m. 1. Arbusto que possui flores com perfume suave e cor em tons azuis, roxos ou brancos. 2. A flor dessa planta. 3. Tonalidade bem clara da cor roxa.

LI.MA
s.f. 1. Instrumento de aço temperado, usado para alisar metais e outros materiais. 2. Fruto da limeira; lima-da-pérsia.

LI.MI.TE
s.m. 1. Ponto máximo que não deve ser ultrapassado. 2. Fronteira que separa um país de outro.

LIN.CE
s.m. Felino selvagem que possui uma visão extraordinária.

LIN.GUA.GEM
s.f. Conjunto de sinais falados, escritos ou gesticulados usados para exprimir ideias e sentimentos.

LI.QUE.FA.ÇÃO
s.f. Passagem de uma substância gasosa ao estado líquido.
O orvalho da manhã é um exemplo de liquefação.

LÍ.RIO
s.m. 1. Planta ornamental da família das Liliáceas, com flores aromáticas. 2. A flor dessa planta.

LI.TE.RA.TU.RA
s.f. 1. Arte de escrever. 2. Conjunto de obras literárias de valor poético pertencentes a um país, época, gênero, etc.

LI.TO.RAL
adj. 1. Relativo à beira-mar; litorâneo. / *s.m.* 2. Região costeira; terreno banhado por mar. 3. Praia.

LI.TOS.FE.RA
s.f. A parte sólida do globo terrestre; crosta da Terra.

LO.BI.SO.MEM
s.m. Segundo a crença popular, homem que se transforma em lobo nas noites de Lua cheia.

LON.TRA
s.f. Mamífero carnívoro que tem o corpo e membros curtos.

LOU.VA-A-DEUS
s.m. Denominação comum aos insetos da família dos Mantídeos, com pernas dianteiras longas, adaptadas para a captura de presas; caçam esperando pela presa com as pernas dianteiras erguidas e juntas, que lembram uma pessoa ajoelhada, rezando.

LU.A
s.f. Corpo celeste que ilumina a Terra de noite com a luz recebida do Sol e refletida.

LÚ.DI.CO
adj. Relativo a jogo, brinquedo e divertimento.
Participar de atividades lúdicas é uma ótima maneira de se divertir e aprender ao mesmo tempo.

LU.LA
s.f. Molusco marinho, que possui oito braços e dois tentáculos; algumas espécies são comestíveis.

LU.PA
s.f. Lente de aumento que se usa para observar pequenos detalhes ou objetos miúdos.

LU.TA
s.f. 1. Combate esportivo, corpo a corpo. 2. Conflito em que duas ou mais pessoas se agridem. 3. Guerra ou conflito armado. 4. Perseverança diante de situações adversas.

LU.TO
s.m. 1. Sentimento, lamento ou tristeza pela morte de alguém. 2. Vestuário escuro, geralmente preto, usado como sinal dessa dor. 3. Tempo durante o qual esse vestuário é usado.

LU.XO
s.m. 1. Ostentação; riqueza. 2. Tudo que apresenta mais riqueza do que necessário para sua utilidade. 3. Capricho, extravagância.

M

M
(eme) s.m. Décima terceira letra do alfabeto.

MA.CA
s.f. 1. Cama com rodinhas que serve para conduzir doentes. 2. Cama de lona, dobrável, usada para retirada de atletas que sofreram contusão durante uma atividade esportiva.

MA.CA.CO
s.m. Nome comum a todos os primatas exceto o homem.

MA.ÇA.NE.TA
(ê) s.f. 1. Peça que faz funcionar o trinco de portas ou janelas. 2. Puxador de portas.

MA.ÇAN.TE
adj. e s.2gên. Que enjoa, aborrece ou entedia.
O filme que vimos ontem tinha um enredo bem maçante.

MA.ÇA.RI.CO
s.m. 1. Lamparina de pressão usada por funileiros. 2. Aparelho usado para derreter ou soldar metais.

MA.CAR.RÃO
s.m. Massa de farinha de trigo que pode ter diversos formatos e tamanhos, usada no preparo de diversas receitas culinárias.

MA.CHA.DO
s.m. Instrumento cortante com cabo que serve para rachar lenha, fazer derrubadas, etc.

MA.CHIS.MO
s.m. 1. Atitude daquele que não admite a igualdade de direitos para o homem e a mulher; contrário ao feminismo. 2. Comportamento de quem considera o sexo masculino superior.

MA.CUM.BA
s.f. 1. Culto afro-brasileiro e seus rituais. 2. Oferenda aos orixás desse culto; despacho.

MA.DEI.REI.RO
s.m. 1. Indivíduo que comercializa madeira. 2. Cortador de madeira nas matas. / *adj.* 3. Referente ao comércio ou indústria de madeiras.

MA.DRAS.TA
s.f. Mulher que se casa com o pai de uma pessoa, sem ser sua mãe.

MA.DRI.NHA
s.f. 1. Mulher que serve de testemunha em batizado, crisma ou casamento. 2. Mulher que ajuda ou protege uma pessoa. 3. Mulher escolhida para inaugurar, nomear ou representar algo.

MA.DRU.GA.DA
s.f. 1. Período entre a meia-noite e o amanhecer. 2. Alvorecer, aurora.

MA.DU.RO
adj. 1. Nome dado ao fruto que está pronto para ser colhido e consumido. 2. Amadurecido. 3. Experimentado.

MA.ES.TRO
s.m. 1. Compositor de música. 2. Indivíduo que comanda uma orquestra através de movimentos com os braços.

MÁ.GI.CA
s.f. 1. Magia; ilusionismo. 2. Encanto, deslumbramento, fascinação.

MA.GIS.TÉ.RIO
s.m. Trabalho do professor.

MAG.MA
s.m. 1. Massa mineral muito quente, encontrada nas profundezas da Terra, expelida nas erupções de vulcões. 2. Lava esfriada.

MAG.NE.TIS.MO
s.m. Propriedade de certas substâncias de atrair outras.
O magnetismo do ímã atrai objetos de ferro.

MÁ.GOA
s.f. 1. Desgosto, pesar, tristeza. 2. Ressentimento.

MAI.O.NE.SE
s.f. 1. Molho frio feito com gema de ovo, azeite e temperos. 2. Salada preparada com batatas e outros legumes à qual se acrescenta esse molho.

MAI.O.RI.DA.DE
s.f. 1. Idade em que a pessoa passa a ter direitos e deveres na sociedade. 2. Completo desenvolvimento de uma sociedade.

MAI.SE.NA
s.f. 1. Produto industrial constituído de amido de milho. 2. Farinha de milho muito usada na culinária. *Minha mãe usa maisena para fazer mingau.*

MAI.ÚS.CU.LO
adj. 1. Nome dado às letras com as quais começamos a escrever um período ou um nome próprio. 2. Grande, importante.

MA.JES.TA.DE
s.f. Título dado a reis, rainhas, imperadores e imperatrizes.

MAL
s.m. Tudo o que se opõe ao bem, que prejudica.

MA.LA.BA.RIS.TA
adj. e s.2gên. Artista de circo que possui extrema habilidade, equilibrando e movimentando objetos.

MAL.CRI.A.ÇÃO
s.f. Ato ou palavra grosseira; grosseria, indelicadeza; má-criação.

MA.LE.A.BI.LI.DA.DE
s.f. 1. Qualidade do que é flexível. 2. Capacidade de adaptação e de compreensão.

153

MAL-ES.TAR
s.m. 1. Incômodo físico. 2. Estado de inquietação; desassossego. 3. Embaraço, constrangimento.

MAL.FEI.TO
adj. 1. Malformado. 2. Feito sem cuidado; mal executado, imperfeito.

MAL.QUIS.TO
adj. 1. Que causa antipatia e aversão; detestado. 2. Que tem má fama; malvisto, desmoralizado.

MAL.TRA.PI.LHO
adj. e *s.m.* Que ou quem anda mal-vestido ou esfarrapado.

MA.LU.QUI.CE
s.f. 1. Qualidade ou condição de maluco; loucura. 2. Falta de juízo; absurdo. 3. Comportamento fora do esperado.

MAM.BO
s.m. Música e dança típicas da América Central.

MA.MÍ.FE.RO
adj. 1. Que possui mamas. 2. Que se refere ou pertence aos Mamíferos. / *s.m.* 3. Classe dos vertebrados que compreende o homem e todos os outros animais que alimentam seus filhos com leite.

MA.NAN.CI.AL
s.m. 1. Nascente de água; fonte. / *adj.* 2. Que escorre, flui ou jorra sem parar.

MAN.DA.MEN.TO
s.m. 1. Mandado, ordem. 2. Voz de comando. 3. Mandamentos de Deus transcritos no Antigo Testamento.

MAN.DA.RIM
s.m. Principal dialeto da China. *Meu irmão é poliglota, ele fala português, francês, inglês, espanhol e mandarim.*

MAN.DA.TO
s.m. 1. Poder dado pelo povo aos políticos, para que eles representem os interesses da população no governo. 2. Período de atividade em um cargo eleitoral.

MAN.DÍ.BU.LA
s.f. Osso da face onde ficam os dentes da arcada inferior.

MAN.DI.O.CA
s.f. 1. Planta típica da América do Sul, com raiz comestível, de casca grossa e marrom-escura. 2. A raiz dessa planta, também chamada de macaxeira e aipim.

MA.NE.QUIM
s.m. 1. Boneco que representa um corpo humano e serve para estudos ou para trabalhos de costura. / *s.2gên.* 2. Profissional que apresenta os novos modelos em desfiles de moda.

MAN.GUE
s.m. 1. Terreno pantanoso junto a praias, foz de rios, sujeito às inundações da maré; manguezal. 2. Esse tipo de vegetação.

MAN.GUEI.RA
s.f. 1. Tubo flexível usado para canalizar líquidos ou gases. 2. Árvore que produz a manga.

MA.NI.A
s.f. 1. Hábito estranho, esquisitice. 2. Excentricidade. 3. Ideia fixa.
Tenho a mania de coçar o nariz quando fico ansioso.

MA.NI.CU.RE
s.f. Profissional que trata das mãos dos seus clientes, aparando, polindo e passando esmalte nas unhas deles.

MA.NI.FES.TA.ÇÃO
s.f. 1. Ato ou efeito de manifestar (-se); expressão, declaração, revelação. 2. Demonstração pública a respeito de algo ou alguém; pronunciamento. 3. Grupo de pessoas reunidas para exigir algo.

MAN.JE.RI.CÃO
s.m. Erva aromática cultivada como enfeite e como condimento.

MAN.TRA
s.m. Palavra ou verso repetidos pelos budistas ou hindus enquanto meditam.

MA.NU.AL
adj. 1. Relativo à mão. 2. Feito à mão. / *s.m.* 3. Escrito que acompanha e explica o uso de aparelhos eletrônicos e de certos utensílios domésticos.

MA.PA
s.m. Representação visual de um país, estado ou qualquer região da superfície terrestre

MA.QUI.A.GEM
s.f. 1. Conjunto de produtos cosméticos usados para maquiar. 2. O resultado do uso desses produtos.

MÁ.QUI.NA
s.f. Aparelho ou instrumento que desempenha várias tarefas e é alimentado por energia.

MA.RA.TO.NA
s.f. 1. Prova esportiva que consiste em uma corrida a pé de longo percurso. 2. Qualquer competição difícil ou que exija grande resistência.

MAR.CI.AL
adj. 1. Relativo à guerra. 2. Referente a militares ou a guerreiros.

MA.RÉ
s.f. Alteração que pode fazer o nível da água do mar ficar mais alto ou mais baixo, dependendo da posição da Lua e do Sol.
É perigoso nadar no mar quando a maré está alta.

MA.RE.CHAL
s.m. 1. O mais alto posto do Exército. 2. Oficial que ocupa esse posto.

156

MA.RE.MO.TO
s.m. Agitação violenta no mar causada por fortes vendavais ou tremores de terra; tsunami.

MA.RE.SI.A
s.f. 1. Cheiro típico do mar. 2. O grande movimento das marés.

MAR.FIM
s.m. 1. Material branco, semelhante a um osso, que forma as presas de alguns mamíferos. 2. Obra de marfim.

MAR.GEM
s.f. 1. Beira, terreno à beira de um rio ou corrente de água. 2. Litoral. 3. Área em branco de cada um dos lados de uma folha de papel escrita à mão ou impressa.

MA.RI.NHA
s.f. 1. Ciência ou arte de navegar. 2. Serviço de marinheiros. 3. Órgão das Forças Armadas formado por navios de guerra e das forças navais de terra, destinados à defesa da nação.
As Forças Armadas do Brasil são compostas pelo Exército, a Marinha e a Aeronáutica.

MA.RI.O.NE.TE
s.f. Boneco articulado manipulado por cordas.

MA.RI.PO.SA
(ô) *s.f.* Inseto da família das borboletas, de asas finas e hábitos noturnos.

MA.RIS.CO
s.m. 1. Nome dos crustáceos e moluscos comestíveis. 2. Utensílio usado para tirar a polpa do coco partido em duas metades.

MÁR.MO.RE
s.m. 1. Pedra calcária de cores variadas, dura, que é usada em arquitetura e na fabricação de esculturas. 2. Estátua ou monumento dessa pedra.

MAR.MO.TA
s.f. Pequeno roedor que tem as patas e a cauda curtas e costuma fazer buracos na terra.

MAR.QUÊS
s.m. Título de nobreza inferior ao de duque e superior ao de conde.

MAR.RE.CO
s.m. Nome comum das aves que apresentam semelhanças com o pato, porém menores que ele.

MAR.TE
s.m. 1. Deus da guerra, na mitologia latina. 2. Quarto planeta em ordem de afastamento do Sol.

MÁR.TIR
s.2gên. 1. Pessoa que sofreu tormentos ou a morte, pela fé cristã. 2. Aquele que sofre por sustentar as suas crenças ou opiniões.

MÁS.CA.RA
s.f. 1. Objeto que representa um rosto ou parte dele e que se põe no rosto, para disfarçar. 2. Disfarce, falsa aparência.

MAS.MOR.RA
(ô) *s.f.* 1. Prisão subterrânea. 2. Lugar isolado, sombrio e triste.

MAS.SA
s.f. 1. Farinha misturada com água ou outro líquido formando uma pasta. 2. A multidão; o povo; ajuntamento de gente.

MAS.SA.GEM
s.f. Fricção das partes musculares do corpo para ajudar na circulação, causando o relaxamento.
Uma massagem nas costas ajuda a aliviar a tensão.

158

MAS.TRO
s.m. 1. Tronco comprido e vertical que sustenta as velas do navio. 2. Pau em que se hasteia a bandeira. 3. Pau comprido, fincado no chão, verticalmente, para uso de ginastas.

MA.TE.MÁ.TI.CA
s.f. Ciência que estuda os números, a geometria e suas relações.

MA.TÉ.RIA-PRI.MA
s.f. 1. Substância natural usada para produzir coisas novas. 2. Base de alguma coisa; fundamento.
Usaremos argila como matéria-prima para a construção de nosso boneco.

MA.TER.NI.DA.DE
s.f. 1. Qualidade ou estado de mãe. 2. Hospital destinado à assistência a grávidas, à realização de partos e cuidados com recém-nascidos.

MA.TI.NÊ
s.f. Festa, espetáculo, evento, etc. realizado durante o dia, especialmente à tarde.

MA.TRI.AR.CA
s.f. A mulher considerada a base da família.

MA.TRI.MÔ.NIO
s.m. União legal entre duas pessoas; casamento.

MA.TU.RI.DA.DE
s.f. 1. Estado ou condição de adulto. 2. Qualidades morais e intelectuais dessa idade.

MA.TU.TI.NO
adj. Que acontece de manhã; matinal.

MAU
adj. 1. Que pratica o mau; malvado, cruel, impiedoso. 2. Que é de qualidade inferior; ruim.

MAU.SO.LÉU
s.m. Túmulo monumental e luxuoso.

ME.DA.LHA
s.f. Peça de metal dada como prêmio aos vencedores de competições, concursos, etc.

MÉ.DIA
s.f. 1. Resultado da divisão de uma soma pelo número de suas partes. 2. Valor intermediário em relação a outros valores.

ME.DI.CI.NA
s.f. Ciência que trata da manutenção da saúde e do tratamento e cura de doenças.

ME.DÍ.O.CRE
adj. e *s.2gên.* 1. Que é de qualidade média; comum, banal, mediano. 2. Que tem pouco valor ou mérito.

ME.DI.TA.ÇÃO
s.f. 1. Ação de pensar cuidadosamente sobre um assunto; reflexão. 2. Exercício de concentração mental.

ME.DI.TER.RÂ.NEO
adj. 1. Relativo ao Mar Mediterrâneo. / *adj.* e *s.m.* 2. Que ou quem é das regiões banhadas por esse mar. *As águas do Mar Mediterrâneo ligam a Europa e a África.*

MÉ.DI.UM
s.2gên. Segundo o espiritismo, pessoa que é capaz de se comunicar com os espíritos.

ME.DO
(ê) *s.m.* 1. Estado de alerta e preocupação diante da ideia de uma ameaça, perigo real ou imaginário; pavor; temor. 2. Ansiedade, temor ou apreensão diante de algo que se quer evitar.

ME.DU.LA
s.f. 1. Parte mais interior de um órgão ou estrutura animal ou vegetal. 2. Material orgânico que preenche os ossos; medula óssea.

ME.DU.SA
s.f. 1. Animal marinho de corpo gelatinoso e em forma de sino, com tentáculos. 2. Na mitologia grega, ser feminino com serpentes em lugar de cabelos, que transformava em pedra as pessoas que a encaravam.

ME.GA.FO.NE
s.m. Aparelho que serve para amplificar a voz ou sons emitidos.

ME.GA.LO.MA.NI.A
s.f. 1. Distúrbio mental caracterizado por sentimento de grandeza, supervalorização de si mesmo ou poder absoluto. 2. Preferência por tudo o que é grandioso.

MEL
s.m. Substância açucarada, viscosa, de cor marrom-amarelada, produzida pelas abelhas a partir do néctar das flores, usada como alimento ou medicamento.

ME.LAN.CO.LI.A
s.f. Sentimento de profunda tristeza, desânimo; depressão.

ME.LO.DI.A
s.f. Sucessão de sons, dos quais resulta um canto regular e agradável.

ME.LO.DRA.MA
s.m. Obra dramática ou situação caracterizada por sentimentos exagerados.

ME.MÓ.RIA
s.f. 1. Capacidade de guardar ideias ou imagens. 2. Lembrança.
Meus avós sempre me dizem que é importante preservarmos as boas memórias de nossa infância.

ME.NOR
adj. 1. Comparativo de pequeno; mais pequeno. 2. Pessoa que ainda não chegou à maioridade.

161

ME.NOS.PRE.ZAR
v. 1. Desprezar. 2. Desdenhar, não fazer caso de.

MEN.SA.LI.DA.DE
s.f. Quantia paga ou recebida por mês; mesada; mês.

MEN.TE
s.f. 1. Capacidade de conhecer; inteligência. 2. Entendimento, alma, espírito. 3. Ideia, resolução.

MEN.TI.RA
s.f. 1. Ato de mentir; afirmação contrária à verdade; falsidade. 2. Hábito de mentir. 3. Erro, ilusão, vaidade.

MER.CA.DO
s.m. 1. Local público onde se compram mercadorias postas à venda. 2. Centro de comércio.

ME.RE.CER
v. Ser digno ou merecedor de algo; ter direito a alguma coisa.
A plateia achou que o vencedor não merecia ter ganhado.

ME.REN.DA
s.f. 1. Refeição ligeira. 2. Lanche que as crianças levam para comer na escola.

MER.GU.LHAR
v. Afundar na água ou em outro líquido.

ME.RI.DI.A.NO
s.m. Linha imaginária que une os pontos dos eixos norte-sul do globo terrestre.

ME.RI.DI.O.NAL
adj. Situado no Sul, voltado para o Sul.

MÉ.RI.TO
s.m. 1. Merecimento. 2. Capacidade, superioridade. 3. Qualidade apreciável de alguém ou de alguma coisa.

MES.QUI.NHO
adj. e *s.m.* 1. Quem é apegado em excesso aos bens materiais e ao lucro. / *adj.* 2. Desprezível, insignificante, escasso.

MES.QUI.TA
s.f. Templo dos muçulmanos.

MES.TI.ÇO
adj. e *s.m.* 1. Pessoa cujos pais provêm de origens diferentes. 2. Quem nasce do cruzamento de raças diferentes (plantas ou animais).

MES.TRE
s.m. 1. Aquele que ensina; professor. 2. Pessoa de grande saber, capacidade ou talento em determinada área; especialista, perito.

ME.TA.DE
s.f. 1. Cada uma das duas partes iguais em que se divide um todo. 2. Quociente da divisão de um número por dois.

ME.TÁ.FO.RA
s.f. Emprego de uma palavra em sentido diferente do próprio por analogia ou semelhança.
"Pele de pêssego" é uma metáfora usada para expressar que a pele de alguém é tão macia quanto a textura de um pêssego.

ME.TAL
s.m. Substância simples, condutora de calor e eletricidade, maleável e dotada de brilho.

ME.TA.LUR.GI.A
s.f. 1. Arte de extrair os metais e de manipulá-los industrialmente. 2. O estudo das técnicas dessa arte.

ME.TA.MOR.FO.SE
s.f. 1. Mudança de forma; transformação. 2. Mudança de forma e de estrutura que ocorre durante o ciclo de vida de certos animais.

163

ME.TE.O.RO
s.m. 1. Qualquer fenômeno atmosférico: chuva, neve, estrela cadente, relâmpago, etc. 2. Rastro de luz que se forma no céu graças à entrada de partículas espaciais na atmosfera.

ME.TE.O.RO.LO.GI.A
s.f. Ciência que trata dos fenômenos atmosféricos, como variações de temperatura, umidade, etc.

ME.TI.DO
adj. e *s.m.* 1. Que ou quem tenta passar pelo que não é; presunçoso. 2. Que ou quem se intromete no que não lhe diz respeito.

ME.TRÓ.PO.LE
s.f. 1. Cidade principal de um estado ou de uma arquidiocese. 2. Grande cidade; cidade importante.

MI.ÇAN.GA
s.f. 1. Peça colorida e miúda de massa vitrificada. 2. Enfeite feito com essas peças.
Minha irmã enfeitou uma camiseta com miçangas.

MI.CO.SE
s.f. Doença produzida por fungos.

MI.CROR.GA.NIS.MO
s.m. Organismo, animal ou vegetal, muito pequeno; micróbio.

MI.CROS.CÓ.PIO
s.m. Instrumento usado para observar seres e objetos muito pequenos, especialmente os que não podem ser vistos a olho nu.

MI.LI.TAR
adj. 1. Relativo à guerra, a soldado e a Exército. 2. Que pertence ao exército. / *s.m.* 3. Aquele que faz carreira nas Forças Armadas; soldado.

MÍ.MI.CA
s.f. 1. Arte ou ato de exprimir o pensamento por meio de gestos, caretas, etc. 2. Gesticulação.

MI.NE.RA.ÇÃO
s.f. 1. Exploração ou trabalho das minas. 2. Purificação do minério.

MIN.GUAN.TE
adj. 1. Diz-se de tudo que está diminuindo. / *s.m.* 2. Último quarto da Lua; quarto minguante; meia-lua.

MI.NHO.CA
s.f. Verme que vive debaixo da terra em lugares úmidos.

MI.NO.RI.A
s.f. Inferioridade numérica; desvantagem.
Mulheres na política ainda são minoria.

MI.NÚS.CU.LO
adj. 1. Muito pequeno. 2. Diz-se das letras pequenas.

MI.O.PI.A
s.f. Alteração visual que só permite ver os objetos à pequena distância do olho ou usando óculos de grau; vista curta.

MI.NI.A.TU.RA
s.f. Objeto de arte de pequena dimensão.

MI.NIS.TÉ.RIO
s.m. 1. O conjunto dos ministros que formam um setor governamental. 2. Prédio em que funciona esse serviço público.

MI.NIS.TRO
s.m. 1. Aquele que tem um cargo ou uma função. 2. Chefe de um ministério.

MI.RA.GEM
s.f. Engano dos sentidos, ilusão.

MI.SÉ.RIA
s.f. 1. Falta de recursos, pobreza extrema. 2. Estado indigno, vergonhoso, que inspira dó.

MIS.SA
s.f. Cerimônia religiosa por meio da qual a Igreja Católica celebra o sacrifício de Jesus Cristo pela humanidade.

MIS.TÉ.RIO
s.m. 1. Segredo. 2. Tudo aquilo que a razão não pode compreender.

MIS.TI.CIS.MO
s.m. 1. Crença religiosa ou filosófica dos místicos, segundo a qual os homens e a divindade mantêm comunicações ocultas. 2. Tendência para crer no sobrenatural.

MI.TO
s.m. 1. Narrativa fantástica sobre divindades, heróis ou elementos da natureza. 2. Pessoa cujas qualidades e ações são aumentadas e valorizadas.

MI.TO.LO.GI.A
s.f. 1. Conjunto de mitos de determinado povo. 2. Estudo dos mitos.

MO.CO.TÓ
s.m. Pata de boi sem o casco, usada na alimentação.

MO.DA
s.f. 1. Estilo de vida, que abrange comportamento, roupas, escrita e etc., característico de determinada época ou lugar. 2. Arte do vestuário. 3. Uso.

MO.DER.NO
adj. 1. Recente. 2. Existente há pouco tempo. 3. Dos dias atuais; presente.
Pedi ao cabeleireiro que me fizesse um corte moderno.

MO.DÉS.TIA
s.f. 1. Sem vaidade ou luxo. 2. Humildade, simplicidade na maneira de ser.

MO.DI.FI.CAR
v. 1. Mudar a forma ou a qualidade de. 2. Alterar, mudar, transformar. *O desenho do mural foi modificado um dia antes da festa.*

MO.E.DA
s.f. Peça de metal que representa o valor dos objetos que por ela se trocam; dinheiro.

MO.E.DOR
(ô) *adj.* e *s.m.* 1. Que mói. 2. Aparelho de moer ou triturar.

MO.E.LA
s.f. Segundo estômago das aves, que apresenta paredes musculares grossas e duras.

MO.FO
(ô) *s.m.* 1. Bolor. 2. Resíduos encontrados em lugares abafados e sem ventilação.

MO.I.NHO
s.m. 1. Máquina apropriada para moer grãos ou triturar substâncias. 2. Local onde se encontra instalado esse engenho ou máquina.

MO.LE.ZA
(ê) *s.f.* 1. Característica de mole. 2. Desânimo, falta de força.

MO.LUS.CO
s.m. Animal invertebrado, sem articulações, de corpo mole e geralmente envolvido em conchas.

MO.NAR.QUI.A
s.f. Forma de governo na qual o poder é exercido por um rei ou rainha.

MON.GE
s.m. Religioso que vive isolado em um mosteiro.

MO.NO.TE.ÍS.MO
s.m. Doutrina que aceita um só deus. *O cristianismo é uma religião monoteísta que reconhece apenas um deus.*

MONS.TRO
s.m. 1. Ser mitológico de aparência extravagante. 2. Pessoa cruel, desumana, perversa. 3. Quem é muito feio, horroroso.

MON.TA.NHA
s.f. 1. Monte elevado, amplo e extenso. 2. Série de montes.

MO.NU.MEN.TO
s.m. 1. Obra de arte realizada em honra de alguém. 2. Mausoléu.

MOR.CE.GO
(ê) *s.m.* Mamífero voador de hábitos noturnos que se alimenta de insetos.

MOR.MO.NIS.MO
s.m. Seita surgida nos Estados Unidos, que acredita que os homens são filhos de vários deuses.

MO.SAI.CO
s.m. 1. Obra, desenho ou decoração feito com pequenas peças coloridas colocadas juntas sobre uma superfície, formando um desenho. 2. A arte ou o processo de criar esses desenhos.

MOS.CA
(ô) *s.f.* Inseto voador que tem duas asas, encontrado em locais onde há pessoas ou animais.

MOS.QUI.TO
s.m. Nome genérico dos insetos voadores que têm duas asas, de pequeno porte, cuja picada é dolorosa.

MOS.TAR.DA
s.f. 1. Semente da mostardeira. 2. Farinha da semente de mostardeira que serve como condimento ou medicamento. 3. Molho que se prepara com essa farinha.

MOS.TEI.RO
s.m. Habitação religiosa de monges ou monjas; convento.

MO.TIM
s.m. 1. Distúrbio popular, desordem. 2. Estrondo; fragor; revolta.

MU.DEZ
(ê) s.f. 1. Condição ou qualidade daquele que é mudo. 2. Incapacidade para articular as palavras; impossibilidade de falar. 3. Privação voluntária de falar.

MU.LE.TA
(ê) s.f. Bastão com apoio para as axilas, usado como apoio por pessoas que têm dificuldade para caminhar.

MUL.TA
s.f. 1. Castigo que requer o pagamento em dinheiro a quem desobedece leis ou regulamentos. 2. Condenação, pena.

MUL.TI.DÃO
s.f. Aglomeração de pessoas ou de coisas.
A multidão na arquibancada do estádio comemorava o gol no último minuto.

MUL.TI.NA.CIO.NAL
adj. 1. Do interesse de várias nações. / s.f. 2. Empresa multinacional, que têm relação com diversos países.

MUL.TI.PLI.CA.ÇÃO
s.f. 1. Ação ou efeito de multiplicar. 2. Reprodução. 3. Operação matemática em que um número é somado a ele mesmo por um determinado número de vezes.

MÚ.MIA
s.f. Corpo embalsamado pelos antigos egípcios e descoberto nas sepulturas do Egito.

MUN.DO
s.m. 1. Conjunto dos astros a que o Sol serve de centro. 2. O universo inteiro. 3. A parte do universo habitada pelos homens.

MU.NI.CÍ.PIO
s.m. Limitação territorial administrada por um prefeito.

MU.RA.LHA
s.f. 1. Forte muro defensivo de uma fortaleza ou praça de armas. 2. Muro ou parede de grande espessura e altura.

MUR.CHAR
v. 1. Perder a beleza, a cor ou o brilho. 2. Perder a energia.

MUR.MU.RAR
v. 1. Produzir murmúrio, sussurrar. 2. Queixar-se em voz baixa, resmungar. 3. Dizer em voz baixa.
O garoto murmurava o segredo no ouvido de seu amigo.

MU.SA
s.f. 1. Na mitologia, figura feminina que inspira as artes, a poesia. 2. Mulher amada, fonte de inspiração para composições poéticas; musa inspiradora. 3. Mulher bonita.

MUS.CU.LA.ÇÃO
s.f. 1. Conjunto das ações e esforços musculares. 2. Exercício dos músculos.

MÚS.CU.LO
s.f. Órgão composto de fibras, capaz de se contrair ou se alongar e agir voluntária ou involuntariamente, conforme sua função.

MU.SEU
s.m. 1. Coleção de objetos de arte, cultura, ciências naturais, etc. 2. Lugar onde se estudam e reúnem esses objetos.

MÚ.SI.CA
s.f. 1. Arte e técnica de combinar sons de maneira agradável ao ouvido. 2. Composição musical. 3. Qualquer conjunto de sons.

MU.TAN.TE
adj. e *s.2gên.* Diz-se da pessoa ou animal que apresenta características diferentes de seus ascendentes.

N

(ene) *s.m.* Décima quarta letra do alfabeto.

NA.BO
s.m. 1. Planta de raiz carnuda, usada como alimento. 2. Raiz dessa planta.

NA.ÇÃO
s.f. 1. Conjunto de pessoas que habitam o mesmo território, falam a mesma língua, têm os mesmos costumes e obedecem à mesma lei, geralmente da mesma raça. 2. Povo de um país. 3. O Estado que se governa por leis próprias. 4. A pátria, o país natal.

NA.CI.O.NAL
adj. 1. Relativo a ou próprio de determinada nação. 2. Que representa a pátria. 3. Que abrange toda a nação. / *s.m.* 4. Quem é natural de um país.
Durante muito tempo, o café foi o produto nacional mais exportado.

NA.DA
pron. 1. Nenhuma coisa. / *s.m.* 2. O que não existe. 3. Nenhum valor. 4. Coisa vazia, nula. / *adv.* 5. De modo nenhum. 6. Não, absolutamente.

NA.DA.DEI.RA
s.f. 1. Barbatana dos peixes. 2. Cada um dos órgãos exteriores de locomoção de alguns animais marinhos e anfíbios.

NA.DAR
v. Deslocar-se na água usando os braços e as pernas, ou objetos como boias, pranchas, etc.

NA.GÔ
s.2gên. 1. Pessoa pertencente ao povo da região do Golfo da Guiné. 2. Língua falada por esse povo.

NÁI.LON
s.m. Material sintético em forma de fibras, fios muito finos de seda ou folhas, muito usado na indústria têxtil; nylon.

NAI.PE
s.m. 1. Sinal gráfico com o qual se diferencia cada um dos quatro grupos de cartas de um baralho. 2. Cada um desses grupos. 3. Espécie, classe, condição, qualidade. 4. Cada um dos grupos de instrumentos em que geralmente se divide uma orquestra.

NA.JA
s.f. 1. Gênero de serpentes venenosas, da África e da Ásia. 2. Qualquer serpente desse gênero.

NA.MO.RAR
v. 1. Procurar conquistar, paquerar. 2. Afeiçoar-se, apaixonar-se. 3. Agradar-se, ficar encantado. 4. Ter um relacionamento amoroso com alguém.
O ator e a diretora de cinema começaram a namorar há dois anos.

NA.NAR
v. Dormir.

NA.NI.CO
adj. 1. Pequeno de corpo; de figura anã. 2. Acanhado.

NAN.QUIM
s.m. 1. Tinta preta, usada especialmente para desenhos, aquarelas, etc. 2. Tecido de algodão, amarelo-claro, fabricado em Nanquim. / *adj.* 3. Nome dado à cor amarelada, semelhante à do tecido de mesmo nome.

NA.PO.LI.TA.NO
adj. 1. De Nápoles (Itália). / *s.m.* 2. Pessoa natural ou habitante de Nápoles. 3. Embalagem de sorvete que comporta três sabores de uma vez: chocolate, morango e creme.

NAR.CI.SIS.MO
s.m. 1. Mania dos que se olham muito no espelho, como o Narciso da mitologia, ou são muito vaidosos. 2. Amor a si mesmo, em excesso.

NAR.CÓ.TI.CO
adj. e *s.m.* 1. Que ou o que causa mal-estar, inconsciência e dependência. / *s.m.* 2. Droga.

NAR.RA.DOR
(ô) *adj.* e *s.m.* 1. Que ou quem conta uma história. / *s.m.* 2. Em narrativas, aquele que conduz a narração de seu ponto de vista.

NA.SAL
adj. 1. Que pertence ou diz respeito ao nariz. / *s.m.* 2. Som, letra, sílaba nasal.

NAS.CEN.TE
adj. 1. Que nasce. 2. Que começa. / *s.f.* 3. Lugar onde começa uma corrente de água; fonte; manancial. / *s.m.* 4. Lado onde nasce o Sol; leste; oriente.

NAS.CER
v. 1. Começar a ter vida exterior; sair do ovo ou do ventre materno. 2. Começar a brotar, a crescer, a surgir. 3. Ter começo ou origem.

NA.TA
s.f. 1. Camada formada na superfície do leite; creme. 2. A parte mais importante de qualquer coisa.
A nata da sociedade esteve presente no evento da noite passada.

NA.TA.ÇÃO
s.f. 1. Ato de nadar, como diversão ou esporte. 2. Sistema de locomoção dos animais marinhos.

NA.TAL
adj. 1. Referente ao nascimento. 2. Pátrio; onde aconteceu o nascimento. / s.m. 3. Dia em que os cristãos comemoram o nascimento de Jesus Cristo.

NA.TI.VO
adj. 1. Produzido pela natureza; natural. 2. Próprio do lugar onde nasce. 3. Nacional.

NA.TU.RAL
adj. 1. Pertencente à natureza; produzido pela natureza. 2. Que segue uma ordem comum ou esperada, conforme a sua natureza.

NA.TU.RE.BA
adj. e s.2gên. Que ou quem é adepto de uma vida e, principalmente, de uma alimentação natural.

NA.TU.RE.ZA
(ê) s.f. 1. Conjunto de todas as coisas criadas; o Universo. 2. Característica ou condição própria de um ser ou de uma coisa. 3. Caráter, índole, temperamento. 4. Conjunto dos seres que se encontram na Terra (mares, florestas, rios, etc.).

NAU
s.f. Nome dado a um tipo de embarcação, utilizada até o séc. XV, composta de três mastros e velas redondas.
Cristóvão Colombo descobriu a América a bordo de uma nau.

NAU.FRÁ.GIO
s.m. 1. Ato ou efeito de naufragar. 2. Perda total ou parcial do navio que afunda. 3. Ruína, prejuízo. 4. Decadência, fracasso, queda moral.

NÁU.SEA
s.f. 1. Enjoo ou ânsia produzidos pelo balanço da embarcação. 2. Ânsia. 3. Vontade de vomitar. 4. Sentimento de repulsão; nojo.
Maria sentiu náuseas ao assistir ao discurso político na televisão.

NA.VA.LHA
s.f. 1. Instrumento de lâmina afiada e cortante. 2. Lâmina usada em guilhotinas para cortar papel.

NA.VE
s.f. 1. Navio antigo. 2. Parte interior da igreja, desde a entrada até o santuário. 3. Aeronave usada em viagens espaciais.

NA.VE.GAR
v. 1. Viajar pelo mar, pelos rios, pelo ar ou pelo espaço cósmico. 2. Atravessar, cruzar, percorrer o oceano ou o espaço. 3. Consultar a internet. 4. Percorrer, atravessar a água, o ar, o espaço.

NA.VI.O
s.m. Embarcação que pode navegar em alto-mar.

Shutterstock/ Marina Bolsunova

NA.ZIS.MO
s.m. Ideologia política racista chefiada por Adolf Hitler, que contribuiu para o início da Segunda Guerra Mundial.

NE.BLI.NA
s.f. 1. Névoa densa e baixa; nevoeiro; chuvisco. 2. Sombra, trevas.

NE.BU.LO.SO
(ô) *adj.* 1. Coberto de nuvens ou névoa. 2. Sem transparência; opaco; sombrio. 3. Confuso; obscuro; sem clareza.

NÉC.TAR
s.m. 1. Na mitologia, é a bebida dos deuses. 2. Líquido adocicado encontrado nas flores e principal elemento utilizado pelas abelhas para produzir o mel. 3. Qualquer bebida saborosa.

NE.GA.TI.VO
adj. 1. Que contém ou mostra negação. 2. Proibitivo. 3. Contrário. 4. Nulo. / *s.m.* 5. Chapa ou película fotográfica em que os claros e escuros aparecem invertidos em relação ao original.

NE.GLI.GÊN.CIA
s.f. 1. Descuido, desleixo. 2. Falta de cuidado, preguiça. 3. Desatenção, menosprezo, displicência.
O pai foi acusado de negligência por ter deixado o bebê sozinho em casa.

NE.GÓ.CIO
s.m. 1. Comércio. 2. Relações comerciais, negociação. 3. Contrato, ajuste. 4. Qualquer casa comercial. 5. Empresa. 6. Questão pendente. 7. Coisa, objeto. 8. Qualquer coisa cujo nome não ocorre no momento.

NE.GRI.TO
adj. e *s.m.* Tipo de traço mais grosso que o comum, usado no texto para pôr em destaque alguma parte dele.

NE.GRI.TU.DE
s.f. Movimento cultural e literário que visa dar maior destaque aos valores culturais das raças negras.

NE.GRO
(ê) *adj.* 1. Que recebe a luz e não a reflete, preto. 2. Escuro. 3. Sombrio. 4. Que causa sombra. / *s.m.* 5. Indivíduo de raça negra.

NE.NÊ
s.2gên. Criança recém-nascida ou muito nova; bebê; neném.

NE.NHUM
pron. Inexistência de algo.

NE.O.LO.GIS.MO
s.m. 1. O uso de uma palavra nova em uma língua. 2. Atribuição de novos sentidos a uma palavra já existente. 3. Palavra nova.

NE.ON
s.m. 1. Neônio. 2. Letreiro luminoso que utiliza o gás neônio.

NER.VO.SIS.MO
s.m. 1. Doença caracterizada por perturbações do sistema nervoso. 2. Irritação, agitação, nervosidade, tensão nervosa.

NÉS.CIO
adj. 1. Que não sabe, incapaz, ignorante. 2. Estúpido, irresponsável.

NE.TO
s.m. 1. Filho de filho ou de filha com relação aos avós. 2. Descendentes, vindouros.
Eu sou neto do meu avô, que é pai do meu pai.

NE.TU.NO
s.m. 1. Oitavo planeta do nosso sistema solar. 2. Na mitologia, é a divindade que é responsável pelo mar, também chamado de Poseidon.

NEU.RÔ.NIO
s.m. Célula responsável pelos impulsos nervosos.

NEU.RO.SE
s.f. 1. Qualquer doença nervosa, sem lesão aparente. 2. Distúrbio psíquico em decorrência de tensões e conflitos internos.

NE.VE
s.f. 1. Vapor de água atmosférica, congelado em cristais, que cai em flocos brancos. 2. Extrema brancura. 3. Frio intenso. 4. Cabelos brancos.

NE.XO
(cs) *s.m.* 1. Conexão, ligação, união, vínculo. 2. Coerência.

NHO.QUE
s.m. Massa de origem italiana à base de batata e farinha de trigo, geralmente servida com molho de tomate e queijo ralado.

NI.CHO
s.m. 1. Buraco aberto em uma parede para colocar estátuas ou imagens. 2. Habitação pequena. 3. Parte de um habitat onde há condições especiais de ambiente. 4. Emprego fácil e bem remunerado. 5. Divisão em estante ou armário.
O professor colocou os livros nos nichos da estante.

NI.CO.TI.NA
s.f. Líquido que constitui o princípio ativo do tabaco.

NI.NAR
v. 1. Acalmar fazer adormecer. 2. Fazer pouco caso; desdenhar.

NIN.FA
s.f. 1. Na mitologia, é uma divindade dos rios, dos bosques, dos montes, etc. 2. Mulher formosa e jovem.

NIN.GUÉM
pron. Nenhuma pessoa.

NI.NHA.DA
s.f. 1. Os ovos ou os filhotes de ave existentes em um ninho. 2. Os filhos que nascem de uma só vez da fêmea do animal. 3. Filharada.

NI.NHO
s.m. 1. Vivenda construída pelas aves, por certos insetos e por certos peixes para o depósito dos ovos e criação dos filhotes. 2. Local onde os animais se recolhem e dormem. 3. Esconderijo, retiro. 4. Lugar de abrigo.

NIN.JA
s.2gên. Praticante de uma arte marcial do Oriente. Os lutadores usam disfarces e movimentos rápidos.

NI.PÔ.NI.CO
adj. e *s.m.* Japonês.

NÍ.QUEL
s.m. 1. Elemento metálico branco-prateado, usado em moedas, baterias, etc. 2. Qualquer moeda; dinheiro miúdo.

NÍ.TI.DO
adj. 1. Que brilha, brilhante. 2. Límpido. 3. Limpo. 4. Dotado de clareza, claro, definido.
A imagem da TV digital é muito mais nítida.

NI.TRO.GLI.CE.RI.NA
s.f. Líquido oleoso, usado na fabricação da dinamite, que provoca explosão por ação de choque ou elevação da temperatura.

NÍ.VEL
s.m. 1. Instrumento usado para verificar a diferença de altura entre dois pontos ou para averiguar se um plano está horizontal. 2. Grau. 3. Regra, norma. 4. Estado, situação, altura.

NÓ
s.m. 1. Laço feito de corda ou de coisa semelhante, cujas pontas passam uma pela outra, apertando-se. 2. Articulação das falanges dos dedos. 3. Nível do caule em que se insere uma folha. 4. Parte mais apertada e dura da madeira, de onde saem os ramos.

NO.BRE.ZA
(ê) *s.f.* 1. Classe dos nobres. 2. Relativo às famílias nobres, que possuem títulos de nobreza. 3. Generosidade. 4. Majestade.

NO.ÇÃO
s.f. 1. Conhecimento ou ideia que se tem de uma coisa; informação. 2. Conhecimento básico.

NO.CAU.TE
s.m. No boxe, incidente em que um lutador é jogado ao solo pelo adversário e não consegue se levantar dentro de dez segundos.

NO.CI.VO
adj. Que causa dano, que prejudica. *A emissão de gases tóxicos na atmosfera é um ato nocivo ao planeta.*

NÓ.DO.A
s.f. 1. Mancha. 2. Desonra.

NÓ.DU.LO

s.m. 1. Pequeno nó. 2. Pequeno nodo; inchaço.
Tenho um pequeno nódulo no joelho.

NOI.TE

s.f. 1. Período em que o Sol está abaixo do horizonte. 2. Escuridão, trevas. 3. Noitada.

NOI.VAR

v. 1. Celebrar noivado. 2. Passar a lua de mel. 3. Cortejar ou galantear a pessoa com que se ajustou noivado. 4. Ajustar casamento. 5. Ficar noivo.

NÔ.MA.DE

adj. 1. Diz-se das tribos e raças humanas que não têm casa e vagueiam sem rumo. / *s.2gên.* 2. O que não tem residência fixa. 3. Povo sem residência fixa.

NO.ME

s.m. 1. Palavra com a qual se classifica e diferencia qualquer pessoa, animal ou coisa, bem como ação, estado ou qualidade. 2. Denominação, designação. 3. Título, honra. 4. Apelido. 5. Nomeada, reputação, fama. 6. Nome de família; sobrenome.

NO.MI.NAL

adj. 1. Relativo a nome. 2. Que só existe em nome; que não é real. 3. Na gramática, diz-se do predicado representado por um verbo de ligação e pelo predicativo do sujeito.

NO.JO

(ô) *s.m.* 1. Enjoo, náusea. 2. Asco, repugnância, repulsão. 3. Mágoa, pesar, tristeza. 4. Tédio, aborrecimento. 5. Luto; pesar.

NONSENSE

s.m. Palavra de origem inglesa. Palavra ou ação sem sentido ou coerência.

NO.RA
s.f. A mulher do filho em relação aos pais.
A esposa do meu irmão é nora da minha mãe.

NOR.DES.TI.NO
adj. 1. Do nordeste brasileiro. / s.m. 2. Natural ou habitante do nordeste.

NÓR.DI.CO
adj. e s.m. Dos países do norte da Europa; escandinavo.

NOR.MA
s.f. 1. Recomendação, princípio, regra. 2. Exemplo, modelo. 3. Regra de procedimento. 4. Nome de planta.

NOR.MAL
adj. 1. Conforme a norma, regular. 2. Exemplar, modelar.

NOR.MA.TI.VO
adj. 1. Relativo a norma. 2. Que serve de norma ou regra. 3. Que estabelece normas ou padrões.

NO.RO.ES.TE
s.m. 1. Ponto colateral da rosa dos ventos que fica entre o norte e o oeste. 2. Vento que sopra do lado desse ponto. / adj. 3. Relativo ao noroeste ou dele precedente.

NOR.TE
s.m. 1. Ponto cardeal da rosa dos ventos que tem, à sua direita, o nascente. 2. Regiões que ficam para o lado do norte. 3. Vento que sopra dessas regiões. 4. O polo ártico. 5. Direção conhecida; guia; rumo.

NOR.TIS.TA
adj. 1. Que pertence ou se refere aos estados brasileiros do Norte, especialmente à região que compreende os estados do Pará e Amazonas. / s.2gên. 2. Pessoa natural de algum desses estados.

NOS.TAL.GI.A
s.f. Tristeza ou saudade causada pela distância de lugares, pessoas ou coisas que se amam e pelo desejo de vê-las novamente.

NO.TAR
v. 1. Anotar. 2. Fazer rascunho. 3. Registrar no livro de notas. 4. Observar, reparar em. 5. Fazer referência a, mencionar.

NO.TÍ.CIA
s.f. 1. Conhecimento, informação. 2. Nova, novidade. 3. Resumo de algum acontecimento; referência.

NO.TÍ.VA.GO
adj. e s.m. 1. Que ou quem tem hábitos noturnos. 2. Que ou quem aprecia a noite e a vida noturna.

NO.TUR.NO
adj. 1. Referente à noite. 2. Que anda de noite. 3. Que aparece ou se realiza de noite. / s.m. 4. Quadro que representa uma paisagem iluminada pela Lua e pelas estrelas.

NO.VE.LA
s.f. 1. Composição literária do gênero do romance; narração de aventuras interessantes. 2. Enredo; intriga. 3. Narrativa em capítulos transmitida pela TV.

NO.VE.LO
(ê) s.m. Bola de fio enrolado sobre si mesmo.

NO.VI.ÇO
adj. 1. Inexperiente, novato. / s.m. 2. Pessoa que se prepara para atuar em uma ordem religiosa.
Para ingressar na ordem religiosa, o noviço teve de se mudar para um mosteiro.

NO.VI.DA.DE
s.f. 1. Qualidade de novo. 2. Aquilo que é novo. 3. Fato que não é habitual. 4. Primeira informação de algum fato. 5. Inovação.

NO.VI.LHO
s.m. Boi novo; bezerro.

NOZ
s.f. 1. Fruto da nogueira. 2. Qualquer fruto seco, com uma só semente. 3. Noz-moscada: árvore cujo fruto tem aroma muito agradável. 4. Fruto dessa árvore.

NU
adj. 1. Não vestido; despido; descoberto; pelado. 2. Descalço. / *s.m.* 3. Nudez.

NU.BLA.DO
adj. 1. Coberto de nuvens. 2. Escuro, obscuro. 3. Preocupado, sombrio, triste.

NU.CA
s.f. Parte superior do pescoço; cangote.
Passei o dia com dor na nuca por ter dormido de mau jeito.

NÚ.CLEO
s.m. 1. Massa essencial à vida das células, encontrada em quase todas as células dos seres vivos. 2. Miolo da noz e de outros frutos. 3. Parte central de um todo. 4. O ponto principal, a parte essencial de uma coisa.

NU.LO
adj. 1. Nenhum. 2. Que não é válido. 3. Sem valor ou efeito. 4. Ineficaz.

NÚ.ME.RO
s.m. 1. Expressão da quantidade. 2. Quantidade, abundância. 3. Cada uma das folhas ou capítulos de uma obra que se publica por partes. 4. Algarismo ou conjunto de algarismos dispostos um ao lado do outro, usados em sorteios.

NU.ME.RO.LO.GI.A
s.f. Estudo do significado oculto dos números e da sua influência no caráter e no destino das pessoas.

NUN.CA
adv. Em tempo algum; jamais.

NÚP.CIAS

s.f. pl. 1. Casamento, matrimônio, boda. 2. A celebração do casamento e as respectivas cerimônias.

NU.TRI.ÇÃO

s.f. 1. Ato ou efeito de nutrir(-se); nutrimento. 2. Conjunto de fenômenos biológicos que contribuem para a alimentação. 3. Sustento, alimento.

NU.TRI.CI.O.NIS.TA

adj. 1. Relativo ao nutricionismo. / *s.2gên.* 2. Pessoa que planeja o uso científico da alimentação. 3. Especialista no estudo consciente da alimentação.

NU.TRI.EN.TE

adj. 1. Nutritivo. / *s.m.* 2. Substância nutriente.
Frutas são ótimas para a saúde, pois possuem muitos nutrientes.

NU.TRIR

v. 1. Alimentar(-se), sustentar(-se). 2. Desenvolver, educar, instruir. 3. Promover. 4. Guardar; sentir. 5. Agasalhar, proteger. 6. Conservar-se, persistir.

NU.TRI.TI.VO

adj. 1. Que serve para nutrir; nutriente. 2. Que exerce as funções de nutrição. 3. Relativo à nutrição.

NU.VEM

s.f. 1. Massa de vapores de água condensados na atmosfera em gotículas. 2. Porção de fumaça ou pó que se eleva no ar. 3. Grande multidão, grande quantidade de coisas em movimento.

O

O
s.m. Décima quinta letra do alfabeto.

O.Á.SIS
s.m. 1. Região fértil, coberta de vegetação no meio de um deserto. 2. Lugar ou coisa agradável no meio de outras que não o são.

O.BE.DI.ÊN.CIA
s.f. 1. Ato ou ação de obedecer. 2. Submissão à vontade de quem manda.

O.BE.LIS.CO
s.m. Monumento de base quadrangular com a ponta em forma de pirâmide.

O.BE.SI.DA.DE
s.f. Condição ou estado de quem é obeso, muito gordo.

O.BRA
s.f. 1. Prédio ou casa em construção. 2. Cada trabalho de um escritor ou artista.

O.BRI.GA.ÇÃO
s.f. 1. Serviço, tarefa. 2. Imposição; dever, compromisso.
Todos os ocupantes de um automóvel têm a obrigação de usar cinto de segurança.

OBS.CU.RO
adj. 1. Sem luz; sombrio. 2. Difícil de entender.

OB.SER.VA.TÓ.RIO
s.m. 1. Instituição científica que se dedica a observar questões sobre os astros e o clima. 2. Ponto elevado de onde se observa alguma coisa; mirante.

OB.SES.SÃO
s.f. 1. Ideia fixa; preocupação excessiva com alguma coisa e que dificulta pensar em outra. 2. Mania.

OB.SO.LE.TO
adj. Que não se usa mais; antiquado.
A vitrola se tornou obsoleta diante dos aparelhos de MP3.

OBS.TÁ.CU.LO
s.m. Tudo que está no caminho de alguma coisa; embaraço, estorvo; barreira.

OB.TU.RA.ÇÃO
s.f. Retirada da cárie do dente e fechamento do buraco com uma massa especial; restauração dentária.

ÓB.VIO
adj. 1. De fácil compreensão. 2. Claro, evidente.

O.CA
s.f. Casa construída com madeira e fibras vegetais usada pelos indígenas brasileiros como casa de uma ou mais famílias.

O.CE.A.NO
s.m. 1. Grande extensão de água salgada que rodeia os continentes e cobre a maior parte do globo terrestre; mar. 2. Cada uma das divisões dessa extensão da água: Atlântico, Índico e Pacífico, Glacial Ártico, Glacial Antártico.

O.CI.DEN.TE
s.m. Lado do horizonte onde o Sol se põe; poente, oeste.

Ó.CIO
s.m. Descanso, folga do trabalho; lazer, repouso.

O.CO
(ô) *adj.* 1. Que não tem nada por dentro; vazio. 2. Fútil, que não tem nada de valor em seu interior; insignificante.

O.CUL.TO
adj. Encoberto, escondido; desconhecido; invisível; enigmático.

O.CU.PA.ÇÃO
s.f. 1. Tomada de posse ou invasão de um lugar. 2. Atividade, trabalho, serviço.

O.DA.LIS.CA
s.f. Mulher muçulmana que serve a um sultão.

O.DIS.SEI.A
s.f. 1. Longa viagem, cheia de aventuras e acontecimentos inesperados. 2. Narração dessa viagem.

O.DON.TO.LO.GI.A
s.f. Ramo da medicina que se dedica ao estudo, prevenção e tratamento dos dentes e das doenças dentárias.

O.DOR
(ô) *s.m.* Aroma, fragrância, cheiro, perfume.

O.ES.TE
s.m. O lado onde o Sol se põe, oposto ao leste; poente, ocidente.

O.FEN.SA
s.f. 1. Ação de ofender. 2. Lesão, injúria, ultraje, por fato ou por palavras.

O.FER.TA
s.f. 1. Aquilo que se oferece; oferenda; oferecimento. 2. Produto em preço menor que o normal, para atrair fregueses.
Esperei por uma boa oferta para poder comprar meu videogame.

OF.TAL.MO.LO.GI.A
s.f. Ramo da medicina que estuda os olhos e as suas doenças.

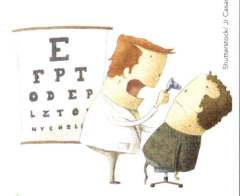

Ó.LEO
s.m. Líquido gorduroso que se pode extrair de vegetais, animais ou minerais.

OL.FA.TO
s.m. Um dos cinco sentidos, o qual permite a percepção e identificação de cheiros.

O.LIM.PÍ.A.DAS
s.f. Jogos esportivos de todas as modalidades, realizados de quatro em quatro anos, por equipes de vários países.

ON.ÇA
s.f. Mamífero carnívoro de grande porte que tem o corpo coberto por pelos curtos, alaranjados e com pintas escuras.

ON.DA
s.f. Elevação que se forma na superfície da água do mar, lago ou rio e se desloca.

O.NI.PO.TEN.TE
adj. Que pode tudo; todo-poderoso; que tem poder absoluto.

O.NI.PRE.SEN.TE
adj. Que está presente em toda parte.

O.NIS.CI.EN.TE
adj. Que sabe tudo.

O.NÍ.VO.RO
adj. e *s.m.* Que come de tudo, que se nutre de alimentos de origem tanto vegetal quanto animal.
O ser humano é considerado um animal onívoro.

O.NO.MA.TO.PEI.A
s.f. Palavra que imita um som.

Ó.PE.RA
s.f. 1. Obra dramática, com acompanhamento de orquestra, em que as falas dos personagens são cantadas.
2. Espetáculo em que é apresentada uma ópera.

O.RAN.GO.TAN.GO
s.m. Grande macaco, encontrado no Sudeste asiático, que tem braços compridos, pelos avermelhados e sem cauda.

OR.DEM
s.f. 1. Posição ou colocação de coisas de acordo com determinados critérios. 2. Determinação que deve ser cumprida; o que alguém mandou fazer.

OR.DE.NHAR
v. Tirar o leite de um animal, manual ou mecanicamente.
As vacas precisam ser ordenhadas para produção do leite que bebemos.

ÓR.FÃO
adj. Que perdeu o pai, a mãe, ou os dois.

OR.GA.NIS.MO
s.m. Conjunto de órgãos que constituem os seres vivos.

OR.GU.LHO
s.m. 1. Elevado conceito que alguém faz de si próprio ou de outra pessoa. 2. Amor-próprio exagerado e desprezo pelos outros; falta de modéstia.

O.RI.EN.TE
s.m. 1. O lado do horizonte onde o Sol nasce; Leste, nascente. 2. O conjunto dos países do sul e do leste da Ásia, incluindo a Índia, a China e o Japão (Extremo Oriente; Oriente Médio; Oriente Próximo).

ORIGAMI
s.m. Arte japonesa de dobrar papéis em forma de animais, objetos, etc.; dobradura.

OR.NI.TOR.RIN.CO
s.m. Mamífero ovíparo do Sul e Oeste da Austrália e da Tasmânia, que possui bico semelhante ao dos patos e a cauda parecida com a dos castores.

OR.QUES.TRA
s.f. Grupo de músicos que tocam vários instrumentos, seguindo a orientação de um maestro.

OR.QUÍ.DEA
s.f. 1. Nome que se dá às flores e plantas da família das Orquidáceas. 2. A flor dessas plantas.

OR.TO.GRA.FI.A
s.f. 1. Escrita correta. 2. Parte da gramática que ensina a maneira correta de escrever as palavras.

OR.TO.PE.DIS.TA
s.2gên. Profissional especializado em ortopedia, que se ocupa em estudar os ossos, as articulações, os tendões, os músculos, os ligamentos e seus problemas.

OR.VA.LHO
s.m. Pequeninas gotas que se formam pela condensação do vapor de água e se depõe à noite ou de madrugada.

OS.TRA
(ô) *s.f.* Molusco que vive dentro de uma concha e é comestível; alguns tipos produzem pérolas.

O.TI.MIS.MO
s.m. Tendência para ver as coisas pelo lado bom, acreditando que tudo acaba bem.

OU.RI.ÇO
s.m. Pequeno mamífero de corpo recoberto de espinhos rígidos e eriçados.

OU.TO.NO
s.m. 1. Estação do ano que está entre o verão e o inverno. 2. O tempo da colheita.

O.VE.LHA
(ê) *s.f.* 1. Fêmea do carneiro. 2. O cristão em relação ao seu pastor espiritual.

O.VÍ.PA.RO
adj. 1. Que põe ovos; que se reproduz por meio de ovos, fora do corpo da mãe. 2. Animal ovíparo.
Galinhas e serpentes são animais ovíparos.

Ó.VU.LO
s.m. Célula reprodutora feminina que, quando fecundada por um espermatozoide, pode dar origem a um embrião, que mais tarde se tornará um bebê.

O.XI.GÊ.NIO
(cs) *s.m.* Gás sem cor, cheiro ou sabor, indispensável à vida de todos os seres vivos.

P

P
(pê) *s.m.* Décima sexta letra do alfabeto.

PÁ
s.f. Instrumento de trabalho manual geralmente formado por uma peça larga e achatada de ferro presa a um cabo, usado para cavar ou remover terra e outros materiais sólidos.

PA.CA
s.f. Mamífero roedor de pelo escuro com manchas claras, que tem hábitos noturnos e a cauda curta.

PA.CA.TO
adj. e *s.m.* 1. Que ou aquele que é amigo da paz; pacífico. 2. Indivíduo sossegado; tranquilo.

PA.CI.EN.TE
adj. 1. Que tem paciência, calma; sereno. / *s.2gên.* 2. Pessoa doente, sob cuidados médicos.
Minha amiga ficou conhecida no hospital por ser uma paciente muito alegre.

PA.DEI.RO
s.m. Fabricante, vendedor ou entregador de pães.

PA.DRAS.TO
s.m. Marido da mãe de uma pessoa, mas que não é seu pai.

PA.DRI.NHO

s.m. 1. Homem que assume o compromisso de cuidar da criança a quem acompanha no batizado ou na crisma, em caso de ausência dos pais. 2. Em uma cerimônia de casamento, civil ou religiosa, homem que acompanha o casal como testemunha.

PA.ÍS

s.m. 1. Território, limitado por fronteiras definidas, habitado por um povo com culturas e leis próprias; pátria, nação. 2. Terra natal.
O Brasil é um país que tem muitas belezas naturais.

PAI.SA.GEM

s.f. Conjunto de elementos naturais em um espaço exterior, que pode ser visto de algum lugar.

PA.JÉ

s.m. 1. Pessoa responsável pelos rituais mágicos indígenas de cura e previsões. 2. Chefe, líder dos indígenas.

PA.JEM

s.m. 1. Empregado que acompanha alguém em viagem. 2. Menino que entra na igreja com os noivos na cerimônia de casamento.

PA.LA.DAR

s.m. Sentido com o qual se sente o gosto, o sabor.

PA.LA.VRÃO

s.m. 1. Palavra que é considerada ofensiva, de mau gosto, cujo uso é considerado falta de educação. 2. Palavra muito grande e difícil de pronunciar.

PÁL.PE.BRA

s.f. Membrana móvel que cobre externamente o olho.

PAL.PI.TA.ÇÃO

s.f. 1. Ato de palpitar. 2. Descompasso do coração que é percebido pela pessoa.

PAN.FLE.TO
(ê) *s.m.* Folheto ou pequeno livro. *Em época de eleição, os candidatos entregam vários panfletos aos eleitores.*

PAN.QUE.CA
s.f. Massa leve, feita com farinha, leite e ovos, frita em frigideira ou chapa e servida com recheio salgado ou doce.

PÂN.TA.NO
s.m. Extensão de terra baixa e alagada, com águas paradas.

PA.PA
s.m. Chefe supremo da igreja católica.

PA.PÃO
s.m. Monstro imaginário que assusta as crianças; bicho-papão.

PA.RA-BRI.SA
s.m. Vidro, colocado na frente de um veículo, para proteger o motorista da chuva, pó ou vento, etc.

PA.RA-CHO.QUE
s.m. Barra de metal reforçado usada para amortecer choques, principalmente usado à frente e atrás dos veículos.

PA.RÁ.GRA.FO
s.m. Pequena parte ou seção de discurso, capítulo, texto, etc., que forma sentido completo e independente.

PA.RA.LI.SAR
v. 1. Fazer perder ou perder a função motora em certa(s) parte(s) do corpo. 2. Suspender, interromper uma atividade.

PA.RA.LI.SI.A
s.f. 1. Redução ou interrupção dos movimentos dos músculos, órgãos ou nervos. 2. Paralisia infantil; poliomielite.

PA.RE.DE
s.f. Construção de cimento, madeira ou outros materiais, que divide ambientes em cômodos.

PA.REN.TE
adj. Que faz parte da mesma família. *Ontem fui visitar um parente distante.*

PA.REN.TES.CO
(ê) *s.m.* 1. Característica de parente. 2. Laço sanguíneo ou afetivo que une várias pessoas.

PAR.LA.MEN.TO
s.m. 1. Câmara ou assembleia legislativa nos países constitucionais. 2. Congresso Nacional.

PÁS.COA
s.f. 1. Festa anual dos judeus, na qual é comemorada a saída do seu povo do Egito. 2. Festa anual dos cristãos, comemorativa da ressurreição de Cristo.

PAS.SE.A.TA
s.f. Marcha coletiva organizada como manifestação pública de alegria ou de reivindicações.

PAS.TOR
(ô) *adj.* 1. Que pastoreia, guardador de rebanhos. 2. Sacerdote do culto protestante.

PA.TER.NI.DA.DE
s.f. 1. Qualidade, condição ou estado de pai. 2. Laço sanguíneo entre pai e filho.

PA.TRÃO
s.m. Aquele que é chefe ou proprietário de um estabelecimento ou uma empresa.

PÁ.TRIA
s.f. 1. País de origem; país ao qual se pertence como cidadão. 2. Terra natal.

PA.TRI.MÔ.NIO
s.m. Quaisquer bens que pertencem a uma pessoa, instituição ou coletividade.

PA.VÃO
s.m. Grande ave nativa da Ásia e da África, que possui a cauda comprida composta por uma plumagem colorida.

194

PA.VOR
(ô) *s.m.* 1. Grande susto; terror. 2. Medo; aversão.

PAZ
s.f. 1. Condição de um país que não está em guerra; tranquilidade pública. 2. Repouso, silêncio, sossego. 3. Tranquilidade.

PE.DES.TRE
adj. e *s.2gên.* Que ou quem anda ou está a pé.
Pedestres devem sempre ter cuidado e observar a sinalização ao atravessar uma rua.

PE.DI.A.TRI.A
s.f. Especialidade da medicina que trata dos problemas de saúde da criança.

PE.JO.RA.TI.VO
adj. Palavra usada em sentido desagradável; depreciativo.

PE.LE
s.f. 1. Maior órgão do corpo humano; revestimento externo do corpo, com terminações sensitivas; cútis. 2. Pele de animal usada como agasalho.

PE.LI.CA.NO
s.m. Ave aquática de grande porte que tem o pescoço comprido e uma bolsa por baixo do bico para armazenar peixes.

PÊ.NAL.TI
s.m. No futebol, falta cometida por um jogador dentro da grande área de seu próprio time.

PER.DÃO
s.m. Livramento de pena; desculpa.

PE.RE.NE
adj. 1. Que dura para sempre; eterno, perpétuo. 2. Que dura muitos anos; duradouro.

PER.FIL
s.m. 1. Contorno do rosto de uma pessoa, visto de lado. 2. Contorno de um objeto visto por um dos seus lados. 3. Descrição ou informação acerca das características de alguém.

PE.RI.FE.RI.A
s.f. Nome dado aos bairros que ficam afastados do centro de uma cidade.

PER.ME.Á.VEL
adj. 1. Diz-se de corpos ou substâncias que deixam passar outras substâncias (líquidos, gases, etc.) através de seus furos. 2. Aquilo que se pode transpassar.

PER.MIS.SÃO
s.f. Autorização, consentimento.

PÉ.RO.LA
s.f. 1. Pequena pedra branca formada no interior das conchas de alguns moluscos. 2. Joia formada a partir dessa pedra.

PER.SO.NA.GEM
s.2gên. 1. Cada integrante de uma narração, poema ou acontecimento. 2. Cada um dos papéis desempenhados por ator ou atriz.
Não gosto da personagem principal desse filme.

PER.SO.NA.LI.DA.DE
s.f. 1. Caráter exclusivo de uma pessoa; pessoalidade. 2. O que distingue uma pessoa de outra.

PE.RU.CA
s.f. Cabelo falso.

PE.SA.DE.LO
(ê) *s.m.* Sonho ruim.

PES.CAR
v. 1. Apanhar ou tentar apanhar peixes usando anzol ou outro instrumento. 2. Apanhar qualquer objeto da água.

PES.SI.MIS.MO
s.m. Tendência que as pessoas têm de considerar tudo somente pelo lado negativo; tendência para julgar tudo como um mal.

PE.TRÓ.LEO
s.m. Substância líquida mineral de cor escura, que se encontra em rochas, usado como combustível, entre outras aplicações.

PI.CHA.ÇÃO
s.f. 1. Ato ou efeito de pichar. 2. Assinatura estilizada ou rabisco feito em parede, estátua, etc.

PI.JA.MA
s.m. Vestuário próprio para dormir.

PÍ.LU.LA
s.f. Medicamento sólido e pequeno para ser engolido inteiro e com a ajuda de um líquido; comprimido.

PIN.GEN.TE
s.m. 1. Objeto pequeno que fica pendurado. 2. Brinco pendente.

PIN.GUIM
s.m. Nome comum das aves marinhas, de plumagem curta, postura ereta em terra e cujas asas e pés são adaptados à natação, que vivem em bandos nas regiões geladas do hemisfério sul.

PI.NHA
s.f. O fruto do pinheiro, fruta-do-conde.

PIN.TOR
(ô) *s.m.* Pessoa que pinta ou exerce a arte da pintura.

PIN.TU.RA
s.f. 1. Revestimento de uma superfície com tinta. 2. Arte e técnica de pintar. 3. A obra pintada.

PI.O.LHO
(ô) *s.m.* Inseto parasita sugador de sangue de animais e do ser humano.

PI.RÂ.MI.DE
s.f. Grande monumento de base retangular e de quatro faces triangulares, terminado em ponta.
As pirâmides do Egito são uma atração turística bastante famosa.

PI.RA.TA

s.2gên. 1. Ladrão que pratica roubos em embarcações. / *adj.* 2. Copiado ilegalmente.

PLA.NAL.TO

s.m. 1. Extensão ou planície localizada na superfície do terreno, sobre montes, elevada sobre o nível do mar. 2. Terreno plano e elevado.

PLA.NE.TA

(ê) *s.m.* Astro que não tem luz própria e gira em torno do Sol, recebendo luz e calor.

PLA.NÍ.CIE

s.f. Grande extensão de terras planas; campina.

PLA.NO

adj. 1. Reto, liso, linear, sem ondulações. / *s.m.* 2. Projeto; intenção. 3. Conjunto de ideias ou medidas para alcançar um objetivo.

PLA.TEI.A

(éi) *s.f.* 1. Local onde ficam os espectadores no teatro, cinema, shows, etc. 2. Conjunto dos espectadores de um espetáculo; público.

PLU.TÃO

s.m. Planeta anão que gira ao redor do Sol.

PLU.VI.AL

adj. Proveniente da chuva, ou próprio para receber água da chuva.
O Estado construiu um sistema pluvial para captação da água da chuva.

PNEU.MO.NI.A

s.f. Inflamação do pulmão causada pela ação de bactéria ou vírus.

PO.BRE.ZA

(ê) *s.f.* 1. Condição ou estado de pobre. 2. Ausência de posses, falta de recursos; escassez.

PO.DAR

v. Cortar os ramos ou os galhos inúteis de árvores ou qualquer outra planta.

198

PO.DER
v. 1. Ter a possibilidade ou o direito de. 2. Ter autoridade ou domínio. 3. Ter permissão ou autorização para.

PO.EI.RA
s.f. Terra seca, pó fino que vai se acumulando com o tempo sobre alguns objetos.

PO.E.MA
s.m. Texto literário escrito em verso. *Adoro os poemas de Cecília Meireles.*

PO.E.SI.A
s.f. Composição artística que expressa emoções e sentimentos através da linguagem, seguindo regras de versos e sílabas, podendo ou não ter rimas.

PO.LE.GA.DA
s.f. Medida de comprimento que tem mais ou menos a medida do polegar.

PO.LÊ.MI.CA
s.f. Divergência de opinião que provoca debate ou discussão a respeito de um assunto ou situação.

PÓ.LEN
s.m. Pó muito fino e geralmente amarelo da flor.

PO.LÍ.CIA
s.f. Corporação que trabalha para manter a ordem e a segurança pública.

PO.LI.CI.AL
s.2gên. Profissional que trabalha na polícia.

PO.LI.DEZ
(ê) *s.f.* Atitude gentil; cortesia, gentileza.

PO.LI.GLO.TA
adj. e *s.2gên.* Aquele que fala várias línguas.

PO.LI.TE.ÍS.MO
s.m. Crença religiosa em mais de um deus.

PO.LÍ.TI.CA
s.f. 1. Arte ou ciência da organização e administração de um Estado, uma sociedade, uma instituição, etc. 2. Aplicação dessa ciência nos negócios internos e externos da nação.

POL.PA
(ô) *s.f.* Parte carnuda e macia, geralmente comestível, de alguns frutos; pasta, massa.

PO.LU.I.ÇÃO
s.f. 1. Degradação do meio ambiente causada pela ação do homem ou qualquer outro fator, e que o torna prejudicial à saúde humana. 2. Situação de interferência de fatores sensoriais estranhos ao ambiente normal, causando certo desconforto (poluição sonora, poluição visual).

POL.VO
(ô) *s.m.* Molusco que tem oito tentáculos recobertos de órgãos usados para a fixação em superfícies.

PÓL.VO.RA
s.f. Explosivos, originariamente em forma de pó.

PO.MA.DA
s.f. Preparado farmacêutico gorduroso usado externamente como remédio ou cosmético.

PO.MAR
s.m. Terreno plantado com árvores frutíferas.
Meu avô tem uma fazenda com um grande pomar.

PÔ.NEI
s.m. Cavalo pequeno.

PON.TA.PÉ
s.m. Golpe dado com o pé; chute.

PON.TE
s.f. 1. Construção que liga dois lugares separados por curso d'água. 2. Conjunto de dentes artificiais que são presos a dois ou mais dentes naturais.

PON.TU.A.ÇÃO
s.f. Ato de pontuar, de colocar sinais ortográficos em um texto.

PON.TU.AL
adj. 1. Exato no cumprimento dos seus deveres ou compromissos. 2. Feito no prazo combinado.
O professor é muito pontual, sempre começa a aula no horário correto.

PO.PU.LA.ÇÃO
s.f. 1. Número total de pessoas que habitam uma localidade. 2. Grande número de animais.

PO.TÁ.VEL
adj. Diz-se da água que é limpa e própria para beber.

POU.PAR
v. Gastar com moderação, economizar.

PO.VO.A.DO
s.m. Lugar com poucas habitações; vilarejo, aldeia.

PRA.ZO
s.m. Espaço de tempo dentro do qual deve ser realizado algo.

PRE.CAU.ÇÃO
s.f. Cautela; prevenção, prudência, cuidado.

PRE.ÇO
(ê) s.m. Valor de mercadorias ou trabalhos; custo em dinheiro.

PRE.CO.CE
adj. 1. Prematuro, antecipado. 2. Adiantado no desenvolvimento físico ou mental.

PRE.CON.CEI.TO
s.m. Conceito ou opinião formulados antes de conhecer alguma coisa.

PRE.FEI.TO
s.m. Pessoa escolhida pelo povo para administrar uma cidade.

PRE.GUI.ÇA
s.f. 1. Pouca disposição; pouca vontade de trabalhar; desocupação. 2. Demora, lentidão; moleza. 3. Nome dado a alguns mamíferos que vivem em árvores e se movimentam lentamente; bicho-preguiça.

PRE.O.CU.PA.ÇÃO
s.f. 1. Ideia sobre certo assunto que ocupa a mente e distrai, não deixando que o indivíduo pense em outra coisa; obsessão. 2. Inquietação resultante dessa ideia. 3. Opinião antecipada.

PRE.SÉ.PIO
s.m. 1. Local para abrigar o gado; curral, estábulo. 2. A manjedoura onde Cristo foi colocado ao nascer.

PRE.SI.DÊN.CIA
s.f. 1. Cargo ou função de presidente. 2. O poder executivo dos países presidencialistas.

PRE.SI.DEN.TE
s.2gên. 1. Título oficial do chefe de um estado republicano. 2. Pessoa que está no governo de um país, de uma empresa, etc.

PRE.TEX.TO
(ês) *s.m.* Razão dada como desculpa. *Ela não tinha pretextos que explicassem sua falta de educação.*

PRI.MA.TA
s.m. Ordem de mamíferos que derivam de ancestral comum, inclui o homem, os macacos e os lêmures.

PRI.MA.VE.RA
s.f. Estação do ano caracterizada pelo aparecimento das flores, acontece após o inverno e antes do verão.

PRI.MI.TI.VO
adj. 1. Rude. 2. Povos em estado natural; homem das cavernas. 3. Relativo aos primeiros tempos.

PRI.MO
adj. 1. Filho do tio ou da tia de alguém. 2. Número que só pode ser dividido por 1 ou por ele mesmo.

PRI.MO.GÊ.NI.TO
adj. e *s.m.* Que(m) nasceu antes dos outros; o filho mais velho.

PRÍN.CI.PE
s.m. Membro ou filho de uma família real.

PRI.SÃO
s.f. 1. Prática ou efeito de prender; captura. 2. Cadeia, pena de detenção.

PRI.SIO.NEI.RO
adj. e *s.m.* Que ou quem perdeu a liberdade; preso, cativo.

PRI.VA.CI.DA.DE
s.f. Vida privada, íntima; afastamento, isolamento.

PRI.VI.LÉ.GIO
s.m. 1. Regalia, vantagem ou benefício concedido para uma pessoa ou um grupo. 2. Dom natural; talento. 3. Oportunidade; felicidade, sorte.

PRO.BA.BI.LI.DA.DE
s.f. 1. Possibilidade, chance. 2. Número provável correspondente a alguma coisa.
A previsão do tempo diz que hoje há grande probabilidade de chover.

PRO.BLE.MA
s.m. 1. Questão para ser resolvida por processos científicos ou morais. 2. Questão difícil, delicada, que pode ter várias soluções.

PRO.FES.SOR
s.m. 1. Profissional que tem como trabalho ensinar outras pessoas, em escola ou universidades; docente. 2. Aquele que ensina algo a alguém.

PRO.FE.TA
s.m. 1. Quem anuncia e interpreta a vontade e os propósitos divinos e prevê o futuro por inspiração divina. 2. Título dado a Maomé.

PRO.FIS.SÃO
s.f. Ocupação, emprego; ofício; condição social.

PRO.FIS.SIO.NA.L
adj. Que exerce uma atividade por profissão.

PRO.I.BIR
v. 1. Não permitir, ordenar a não realização. 2. Tornar defeso; não autorizar a representação, a publicação ou a venda.

PRO.LE
s.m. Conjunto de pessoas que nascem dos mesmos pais; descendentes.

PRO.LE.TA.RI.A.DO
s.m. Conjunto de pessoas que dependem do seu trabalho para sobreviver.

PRO.LI.XO
(cs) *adj.* 1. Que usa palavras em excesso ao falar ou escrever. 2. Muito longo e entediante.

PRO.MO.ÇÃO
s.f. 1. Elevação de cargo, categoria, posto. 2. Campanha de propaganda publicitária em que se abaixam os preços de determinados produtos ou serviços.

PRO.NÚN.CIA
s.f. Prática ou maneira de pronunciar, falar.
Pessoas de diferentes regiões podem ter diferentes pronúncias para a mesma palavra.

PRO.NUN.CI.A.MEN.TO
s.m. Manifestação de uma opinião ou justificativa direcionada ao público; declaração; discurso.

204

PRO.PRI.E.DA.DE
s.f. 1. Algo que alguém possui. 2. Bem imóvel que pertence a alguém.

PRO.SA
s.f. 1. Expressão natural da linguagem, sem rimas e sem regras, oposto à poesia. 2. Conversa informal, bate-papo.

PROS.SE.GUIR
v. 1. Seguir; levar a diante, continuar, persistir; fazer seguir. 2. Continuar falando, agindo, procedendo; dizer em seguida.
Apesar das vaias, o garoto prosseguiu com seu discurso até o final.

PRO.TA.GO.NIS.TA
s.2gên. 1. Personagem principal de um filme, peça de teatro, novela, etc. 2. Que ocupa o primeiro lugar.

PRO.TE.ÇÃO
s.f. 1. Prática ou efeito de proteger (-se). 2. Abrigo, socorro. 3. Amparo; resguardo.

PRO.TE.Í.NA
s.f. Elementos essenciais de todas as células dos seres vivos.

PRO.TES.TAN.TIS.MO
s.m. 1. Religião dos protestantes. 2. Luteranismo.

PRO.VÉR.BIO
s.m. Frase breve que se tornou popular; ditado.

PRO.VÍN.CIA
s.f. 1. Divisão territorial no tempo do Império. 2. Parte, divisão. 3. Todo território de um país, exceto a capital.

PRO.VI.SÓ.RIO
adj. Transitório, passageiro, temporário.

PRO.VO.CA.ÇÃO
s.f. 1. Ato de provocar. 2. Desafio, ofensa, insulto.

PRU.DÊN.CIA
s.f. 1. Virtude que nos leva a tomar cuidado e a se preocupar com a segurança para evitar más consequências. 2. Cautela, precaução. 3. Atenção, moderação.

PSEU.DÔ.NI.MO
adj. 1. Que assina suas obras com um nome que não é o verdadeiro. / *s.m.* 2. Nome falso ou suposto. 3. Obra escrita ou publicada sob nome suposto.

PSI.CO.LO.GI.A
s.f. 1. Ciência que trata da mente e de fenômenos e atividades mentais. 2. Ciência das manifestações e do comportamento animal e humano em suas relações com o meio físico e social.

PU.BER.DA.DE
s.f. Idade em que os seres humanos adquirem maturidade sexual e estão prontos para ter filhos.

PU.BLI.CI.DA.DE
s.f. 1. Propaganda por anúncios, entrevistas, cartazes, etc. para influenciar a compra dos produtos anunciados. 2. Divulgação de fatos e informações.

PÚ.BLI.CO
adj. 1. Conjunto de pessoas reunidas em assembleia, manifestação, espetáculo artístico. 2. Que serve para uso de todos.
Praças e parques são patrimônios públicos.

PU.DIM
s.m. Sobremesa cremosa, feita com leite, leite condensado, açúcar e ovos, levando às vezes chocolate ou frutas, com calda de açúcar queimado.

PU.DOR
(ô) *s.m.* 1. Sentimento de vergonha ou timidez. 2. Recato; seriedade.

PU.GI.LIS.TA
s.2gên. Quem luta conforme as regras do pugilismo; boxeador.

PUL.GA
s.f. Pequeno inseto parasita que se nutre sugando sangue do homem e de outros mamíferos, e se desloca dando saltos.

PUL.MÃO
s.m. Órgão respiratório contido no tórax.

PU.LÔ.VER
s.m. Agasalho, geralmente de lã, com ou sem mangas, que se veste pela cabeça.

PÚL.PI.TO
s.m. Tribuna nos templos religiosos onde é feita a pregação.

PUL.SEI.RA
s.f. Acessório para os pulsos; bracelete.

PUL.SO
s.m. 1. Batimento arterial percebido pelo dedo ou registrado por aparelho apropriado, geralmente na região inferior do antebraço, junto à mão, sendo perceptível ao tato. 2. Essa região do antebraço.

PUL.VE.RI.ZAR
v. 1. Reduzir(-se) a pó. 2. Espalhar uma substância em pó sobre; salpicar, polvilhar. 3. Borrifar.

PU.MA
s.m. Mamífero de grande porte, encontrado nas Américas; suçuarana.

PU.NHA.DO
s.m. 1. Porção que cabe em mão fechada. 2. Quantidade reduzida ou pequena porção.
Peguei um punhado de terra e coloquei na planta.

PU.NHAL
s.m. Arma branca perfurante e curta.

PU.NHO
s.m. 1. A mão fechada. 2. A região do pulso que circunda a mão.

PU.NI.ÇÃO
s.f. Prática ou efeito de punir; pena, castigo.

PU.PI.LA
s.f. Abertura central da íris que regula a quantidade de luz que entra no olho; menina do olho.

PU.PI.LO
s.m. 1. Órfão; menor. 2. Aquele que recebe orientações ou aulas, geralmente de pessoas mais velhas.

PU.RÊ
s.m. Alimento preparado em forma de pasta, em geral feito com batatas.

PUR.GAN.TE
adj. Medicamento ou substância que faz limpar o intestino.

PUR.GA.TÓ.RIO
s.m. 1. Segundo a crença cristã, lugar onde as almas se purificam dos pecados para poderem entrar no paraíso. 2. Lugar de sofrimento.

PU.RO
adj. 1. Aquilo que não tem mistura ou impurezas. 2. Sem alteração. 3. Límpido, transparente.

PÚR.PU.RA
s.f. 1. Corante vermelho-escuro extraído de uma planta. 2. Tipo de molusco. / adj. 3. Que tem a cor púrpura.

PUR.PU.RI.NA
s.f. Pó metálico e fino usado para imprimir a cor dourada e prateada, aplicada tanto em papel quanto na pele ou objetos.

PU.RU.RU.CA
s.f. 1. Tipo de coco mais duro. 2. Couro do porco, frito e seco, usado na alimentação.

PUS
s.m. Líquido produzido por uma inflamação.

PU.XAR
v. 1. Atrair com força, com o braço. 2. Arrastar; arrancar. 3. Herdar características dos ancestrais.
Marília odeia tirar fotos, puxou a mãe.

PU.XA-SA.CO
s.2gên. Indivíduo bajulador, adulador.

Q

Q
(quê) *s.m.* Décima sétima letra do alfabeto.

QUA.DRA
s.f. 1. Área para prática de alguns esportes. 2. Distância entre uma esquina e outra do mesmo lado da rua.

QUA.DRA.DO
adj. 1. Figura que tem os quatro lados iguais e os ângulos retos. 2. Indivíduo que tem ideias ultrapassadas, preso aos padrões tradicionais.

QUA.DRI.GÊ.MEO
adj. Cada um dos quatro irmãos nascidos do mesmo parto.

QUA.DRI.LHA
s.f. 1. Dança popular executada por vários pares, muito comum nas festas juninas. 2. Bando de ladrões.

QUA.DRI.NHOS
s.m. História contada por meio de desenhos e textos colocados numa sequência de pequenos quadros.

QUA.DRO-NE.GRO
s.m. Peça lisa retangular ou quadrada instalada em sala de aula, de fundo negro, verde ou branco, em que o professor ou o aluno escrevem com giz, etc.; lousa; quadro de giz.

QUA.DRÚ.PE.DE
adj. e *s.2gên.* 1. Que anda sobre quatro pés. 2. Pessoa ignorante, estúpida, tola.

209

QUA.REN.TE.NA
s.f. 1. Intervalo de tempo de 40 dias. 2. Período de 40 dias de detenção ou isolamento, imposto a navios, pessoas ou animais procedentes de portos onde há doenças contagiosas.
Os médicos disseram que o menino precisará ficar em quarentena para terem certeza que sua doença não é transmissível.

QUA.RES.MA
s.f. Período de 40 dias, compreendido entre a Quarta-feira de Cinzas e o Domingo de Páscoa.

QUAR.TEI.RÃO
s.m. Série de casas fechadas por quatro ruas na divisão urbana; quadra.

QUAR.TEL
s.m. Prédio destinado ao alojamento de tropas.

QUAR.TO
s.m. Lugar da casa usado para dormir.

QUA.TI
s.m. Mamífero de focinho longo e cauda preta com listras.

QUE.BRA-CA.BE.ÇA
s.m. Jogo em que se combinam peças que juntas formam uma figura.

QUER.MES.SE
s.f. Feira beneficente ao ar livre, com barracas de comida, jogos, etc.

QUI.BE
s.m. Prato de origem árabe feito com carne moída, trigo integral, hortelã e condimentos. Pode ser comido cru, frito ou assado.

QUI.LOM.BO
s.m. Acampamento ou esconderijo no mato onde se abrigavam os escravos fugidos durante o período em que havia escravidão no Brasil.

QUÍ.MI.CA
s.f. Ciência que estuda as propriedades das substâncias, as composições, as reações as transformações de acordo com as leis que regulam essas ações.

QUI.MO.NO
s.m. Roupa comprida, de mangas longas, transpassada e presa por uma faixa, usada no Japão por pessoas de ambos os sexos.

R

R
(erre) *s.m.* Décima oitava letra do alfabeto.

RÃ
s.f. Pequeno anfíbio parecido com o sapo, mas que possui a pele lisa, olhos grandes e longas patas traseiras, que lhe permitem pular. Vive perto de rios e lagos, alimenta-se de insetos e vermes.

RA.BA.DA
s.f. Prato feito com a carne do rabo do boi ou da vaca cozido.

RA.BA.NA.DA
s.f. 1. Fatia de pão embebida em leite, passada no ovo, frita e servida com açúcar e canela. 2. Golpe dado com o rabo.

RA.BA.NE.TE
(ê) *s.m.* Raiz arredondada, carnosa e picante, que tem o interior branco e é geralmente consumida em saladas.

RA.BI.CÓ
adj. Que não tem rabo ou só tem o toco.

RA.BI.NO
s.m. 1. Grande conhecedor e mestre da religião judaica. 2. Líder religioso de uma congregação judaica.

RA.BIS.CAR
v. 1. Fazer rabiscos. 2. Escrever algo rapidamente, ou de modo ilegível.

RA.BU.GEN.TO
adj. 1. Que tem sarna. 2. Que frequentemente está mal-humorado.

RA.ÇA
s.f. Grupo de pessoas ou de animais com características físicas hereditárias comuns.
Os cães da raça labrador apresentam um comportamento bastante amigável.

RA.ÇÃO
s.f. Porção de grãos que se dá diariamente a um animal.
Ontem meu cachorro comeu a ração do gato.

RA.CI.O.CÍ.NIO
s.m. Pensamento cuidadoso para refletir a respeito de algo.

RA.CIS.MO
s.m. 1. Tratamento desigual e injusto ou violência contra pessoas que pertencem a grupo, etnia ou cultura. diferentes. 2. Postura de desprezo e/ou discriminação em relação a um desses grupos.

RA.DAR
s.m. Equipamento que tem a função de detectar corpos parados ou em movimento a determinada distância, por meio da emissão de ondas radioelétricas e análise de seus reflexos.

RÁ.DIO
s.m. 1. Aparelho de som que transmite programas de música, entrevistas, notícias, etc. 2. Nome de um dos ossos que formam o antebraço.

RAI.A
s.f. 1. Arraia; peixe marinho ou de água doce, de corpo achatado em forma de disco, grandes nadadeiras peitorais e cauda longa, com ou sem ferrão. 2. Área marcada na pista de corrida ou piscina de competição que mostra a área por onde o atleta deve passar.

RA.I.NHA
s.f. 1. Mulher que governa um reino. 2. Esposa ou viúva do rei. 3. Aquela que se destaca em uma atividade.

RAI.O
s.m. 1. Descarga elétrica no espaço seguida de um relâmpago. 2. Luz intensa e viva; claridade.

RAI.VA
s.f. 1. Sentimento de ira, raiva, rancor. 2. Doença provocada por um vírus, especialmente de cães e gatos, que pode ser transmitida ao homem pela mordida desses animais.
Agosto é o mês da vacinação gratuita contra raiva para cães e gatos.

RA.IZ
s.f. 1. Parte inferior dos vegetais por onde eles se fixam no solo e tiram a nutrição. 2. Parte inferior do dente que fica presa na gengiva.

RAN.COR
(ô) s.m. 1. Ódio oculto. 2. Ressentimento profundo por uma ofensa recebida.

RAN.ZIN.ZA
adj. 1. Que se queixa de tudo, birrento; rabugento. 2. Mal-humorado; impertinente.

RAP
(rép) s.m. Palavra de origem inglesa. Gênero musical popular que consiste em declamação rápida da letra com melodia em ritmo bem marcado.

RA.PA.DU.RA
s.f. Açúcar mascavo em forma de um pequeno tijolo.

RA.QUE.TE
s.f. Instrumento com cabo e superfície oval própria para jogar o pingue-pongue ou o tênis.

RA.RI.DA.DE
s.f. Algo difícil de se encontrar, rara, valiosa.

RA.SO
adj. 1. Pouco acima do nível do solo, rasteiro. 2. De pouca profundidade.

RAS.TRO
s.m. 1. Marca deixada por pessoa ou animal em seu caminho; pegada, vestígio. 2. Indício, pista.

RA.TO
s.m. Mamífero roedor que possui o corpo coberto por pelos e cauda longa, que pode ser encontrado em todo o mundo, transmissor de muitas doenças.

RA.TO.EI.RA
s.f. Armadilha para pegar ratos.

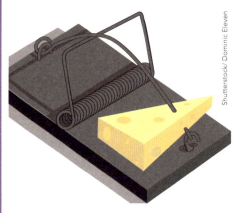

RA.ZÃO
s.f. 1. Capacidade de raciocinar, de julgar, de compreender, de conhecer; a inteligência em geral. 2. Justificativa, motivo.

RE.A.ÇÃO
s.f. 1. O que acontece depois de uma ação. 2. Resposta.
A garota comeu camarão e teve uma reação alérgica.

RE.AL
adj. 1. Que existe de verdade; correto. 2. Referente ao rei, à realeza. 3. Moeda do Brasil.

RE.A.LE.JO
(ê) s.m. Instrumento mecânico portátil que funciona por meio de manivela.

RE.A.LI.DA.DE
s.f. Aquilo que existe na vida real, não na fantasia.

RE.BA.NHO
s.m. 1. Grupo de ovelhas, cabras; gado. 2. Conjunto de animais da mesma espécie guardados por um pastor.

RE.BEL.DE
adj.2gên. 1. Que se revolta contra o governo ou contra uma autoridade. 2. Indisciplinado, insubordinado.

RE.BE.LI.ÃO
s.f. 1. Ato ou efeito de rebelar(-se). 2. Oposição a autoridade ou poder dominante. 3. Revolução, revolta.

RE.BO.QUE
s.m. Veículo próprio para rebocar outro; guincho.

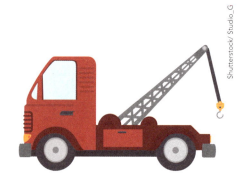

RE.BU.LI.ÇO
s.m. Grande barulho; alvoroço; confusão.

RE.CA.TA.DO
adj. 1. Que tem decência; sóbrio, casto. 2. Prudente, ajuizado. 3. Modesto.

RE.CEI.O
s.m. 1. Dúvida ou perturbação, acompanhada de temor. 2. Aflição, medo, nervosismo.

RE.CHEI.O
s.m. 1. O que preenche; conteúdo. 2. Alimento que vai dentro ou no meio de outro.
Aprendi a fazer um bolo de chocolate com recheio de morango.

RE.CI.BO
s.m. Documento que, assinado, comprova o recebimento de alguma coisa; comprovante.

RE.CI.CLA.GEM
s.f. Reaproveitamento de material usado para se fazer coisas novas e úteis.

RE.CI.FE
s.m. Grupo de rochas que ficam no mar, perto da praia, dentro da água ou na superfície; arrecife.

RE.CI.TAR
v. Dizer, contar, narrar em voz alta e clara (uma oração, uma peça teatral, um poema, etc.).

RE.CLA.MAR
v. 1. Exigir direitos. 2. Manifestar insatisfação; fazer queixa.

RE.COR.DA.ÇÃO
s.f. 1. Ação ou efeito de recordar. 2. Lembrança, memória. 3. Objeto que ajuda a lembrar uma situação ou alguém.

RE.CREI.O
s.m. 1. Diversão. 2. Intervalo entre as aulas na escola para as crianças brincarem e tomarem o lanche.

RE.CRU.TA
s.m. Soldado novato nos exercícios militares.

RE.CU.SAR
v. 1. Não aceitar o que é oferecido. 2. Negar-se a fazer alguma coisa. *O aluno recusou-se a fazer silêncio e ficou de castigo.*

RE.DA.ÇÃO
s.f. 1. Ato ou efeito de redigir. 2. Atividade escolar de escrita.

RE.DE.MO.I.NHO
(o-i) *s.m.* 1. Movimento giratório em espiral; rodamoinho. 2. Turbilhão de água que se forma no mar ou em rio.

RE.FA.ZER
v. 1. Fazer algo novamente. 2. Corrigir.

RE.FEI.TÓ.RIO
s.m. Sala própria para servir refeições em locais comunitários, como escolas ou empresas.

RE.FI.NA.DO
adj. 1. Que passou por processo de refinação. 2. Requintado, aprimorado, sofisticado.

RE.FLE.XÃO
(cs) *s.f.* 1. Ato ou efeito de refletir, de pensar muito sobre um assunto ou problema. 2. Meditação.

RE.FO.GA.DO
s.m. 1. Molho preparado com cebola, tomate e outros temperos. 2. Alimento cozido com esses temperos.

RE.FOR.MA
s.f. 1. Mudança na forma, no estado ou no modo de ser de alguma coisa, para melhorá-la, torná-la mais atual, mais eficiente, etc. 2. Transformação. 3. Restauração; modificação.

RE.FOR.MA.TÓ.RIO
adj. Estabelecimento que abriga menores que cometeram crimes para tratamento e educação, visando a sua readaptação à sociedade.

RE.FRA.TÁ.RIO
adj. e *s.m.* Que resiste a altas temperaturas ou a alguma reação física ou química.

RE.FRI.GE.RAR
v. 1. Tornar frio; congelar. 2. Aliviar, consolar, confortar.

RE.FU.GI.AR
v. 1. Procurar abrigo; recolher-se em lugar seguro; esconder-se. 2. Proteger-se, defender-se.

RE.GA.TA
s.f. 1. Competição de barcos a vela ou remo. 2. Camiseta decotada e sem mangas.

REGGAE
(réguei) *s.m.* Palavra de origem inglesa. Gênero musical popular jamaicano.

RE.GI.ÃO
s.f. 1. Grande extensão de terras. 2. Território que se diferencia dos demais devido às características próprias, como clima, vegetação, etc.

RE.GRA
s.f. Norma, lei, costume que dirige, orienta e regula como se devem fazer as coisas (regra gramatical; regras de etiqueta).

RE.GIO.NAL
adj. Relativo a ou próprio de uma região.
Feijão tropeiro é um prato regional de Minas Gerais.

REI.NA.ÇÃO
s.f. Arte, traquinice, travessura de criança.

REI.NA.DO
s.m. 1. Governo de um rei, rainha, imperador, etc. 2. Tempo que um rei ou uma rainha, imperador, etc. governam.

RE.LA.ÇÃO
s.f. 1. Lista de informações, nomes, coisas ou fatos. 2. Ligação afetiva, relacionamento. 3. Ligação de algum tipo entre pessoas ou fatos.

RE.LÂM.PA.GO
s.m. Clarão forte e rápido no céu produzido por um raio; luz forte que dura pouco.

RE.LA.TÓ.RIO
s.m. 1. Exibição, relação, escrita ou oral. 2. Exposição minuciosa de fatos, atividades, etc.

RE.LA.XAR
v. 1. Afrouxar, enfraquecer, diminuir a força ou a tensão. 2. Repousar, aliviar; descansar. 3. Agir sem capricho ou cuidado.

RE.LEN.TO
s.m. Umidade própria da noite; orvalho, sereno.
O cachorro não voltou para sua casa e passou a noite ao relento.

RE.LE.VO
(ê) *s.m.* 1. Saliência, canto. 2. As diferenças de nível de uma superfície.

RE.LI.GI.ÃO
s.f. 1. Crença na existência de forças ou entidades sobre-humanas responsáveis pela criação e sustentação do universo. 2. Ordem religiosa. 3. Respeito e reverência às coisas sagradas; fé, devoção, piedade.

RE.LI.GI.O.SO
(ô) *adj.* Aquele que segue uma religião.

RE.LIN.CHAR
v. Emitir relinchos (o cavalo, o burro, etc.), rinchar.

RE.MÉ.DIO
s.m. Substância ou medicamento que serve para tratar ou prevenir uma doença.

RE.MO
s.m. 1. Instrumento de madeira, plástico ou outro material utilizado na água para locomover pequenas embarcações. 2. O esporte de remar.

RE.MO.ÇÃO
s.f. 1. Ação de mover algo ou alguém de um lugar para outro. 2. Retirada cirúrgica de um elemento estranho ao organismo.

RE.MOR.SO
s.m. Sentimento de angústia e culpa, que provém do arrependimento por algo que se fez contra alguém. *A garota sentiu remorso por ter maltratado sua irmã.*

RE.MU.NE.RA.ÇÃO
s.f. 1. Ato ou efeito de remunerar. 2. Salário; honorários. 3. Retribuição por serviços prestados; ordenado.

RE.NA
s.f. Mamífero de grande porte que habita as regiões frias do Hemisfério Norte, possui longos chifres, cascos largos próprios para se deslocar na neve.

REN.DA
s.f. 1. Enfeite feito com fios finos (linha, seda, algodão, etc.), usado em peças de vestuário, roupas de cama, etc. 2. Dinheiro que uma pessoa recebe pela venda de alguma coisa ou a prestação de algum serviço.

REN.DI.MEN.TO
s.m. 1. Ato ou efeito de render; dar como lucro. 2. Proveito, receita, renda. 3. Produtividade.

RE.NE.GAR
v. 1. Desmentir, contradizer. 2. Perder a fé em, descrer. 3. Repudiar. 4. Menosprezar.

RE.NO.MA.DO
adj. Que tem prestígio, reconhecido, ilustre, famoso.
Aquela atriz tornou-se renomada após ter ganhado o prêmio máximo do cinema.

RE.NUN.CI.AR
v. 1. Deixar voluntariamente a posse; abandonar, demitir-se. 2. Recusar, não querer.

RE.PA.RO
s.m. Conserto, restauração, reforma.

RE.PEN.TE
s.m. Verso improvisado recitado ou cantado.

RE.PEN.TIS.TA
adj. e *s.2gên.* Que compõe ou executa repentes.

RE.PER.CU.TIR
v. 1. Reproduzir (um som); fazer ecoar. 2. Refletir som e luz. 3. Ressoar, ecoar, refletir(-se), repetir (som e luz). 4. Fazer sentir, de forma indireta, sua ação e influência.

RE.POR.TA.GEM
s.f. Notícia sobre algum assunto para ser publicada ou divulgada pelos meios de comunicação.

RE.PRE.SEN.TAR
v. 1. Imaginar; aparentar, figurar. 2. Reproduzir a imagem, retratar, simbolizar. 3. Desempenhar funções de ator.

RE.PRI.MIR
v. 1. Proibir, impedir, refrear, não permitir que aconteça. 2. Controlar as próprias ações.

RE.QUIN.TE
s.m. 1. Ato ou efeito de requintar(-se). 2. Esmero, primor, capricho, refinamento.

RE.QUI.SI.TO
s.m. Condição; exigência legal.
O requisito para entrar na montanha-russa é ter mais de 1 metro e 30 centímetros.

RES.FRI.A.DO
adj. Que se resfriou; que foi submetido a resfriamento.

RE.SI.DÊN.CIA
s.f. 1. Casa onde se habita; morada habitual; lar. 2. Período em que o médico, recém-formado, deve trabalhar em hospital como estagiário.

RE.SÍ.DUO
s.m. O que resta, o que sobra, o que permanece.

RE.SIS.TÊN.CIA
s.f. Capacidade de suportar a doença, cansaço, etc.

RES.MUN.GAR
v. Falar baixo e, geralmente, de mau humor; murmurar.

RES.PEI.TO
s.m. 1. Ato de respeitar, de tratar bem. 2. Dar importância e valor a alguém.

RES.PON.SÁ.VEL
adj. 1. Que responde por atos próprios ou de outra pessoa. 2. Que tem de cumprir certas obrigações.

RE.TÂN.GU.LO
adj. Quadrilátero que tem todos os ângulos retos, com dois lados paralelos maiores que os outros dois.

RE.TRÓ.GRA.DO
adj. e *s.m.* Que é contrário ao progresso, que caminha para trás.

RE.U.NI.ÃO
s.f. Encontro de pessoas que se agrupam para algum fim.

RE.VAN.CHE
s.f. Competição entre adversários que já se enfrentaram, na qual o perdedor tem uma nova chance de vencer.

RE.VOL.TA
s.f. 1. Manifestação de um grupo contra alguma coisa. 2. Indisciplina, confusão, conflito. 3. Rebelião contra a autoridade estabelecida.

RE.VO.LU.ÇÃO
s.f. 1. Ato de realizar ou sofrer grande mudança ou alteração. 2. Revolta, rebelião armada.

RI.A.CHO
s.m. Rio pequeno.

RI.BEI.RI.NHO
adj. e *s.m.* Que se localiza ou vive às margens de rio.

RI.CO
adj. Que possui muitos bens.

RI.CO.TA
s.f. Queijo que se obtém coalhando leite fervido.

RI.DI.CU.LA.RI.ZAR
v. 1. Tornar(-se) ridículo. 2. Expor ao ridículo; zombar, caçoar.
O garoto ficou de castigo porque ridicularizou seu irmãozinho caçula.

RI.DÍ.CU.LO
adj. e *s.m.* 1. Que ou aquele que é digno de riso, de gozação. 2. Coisa ou indivíduo de pouco valor, insignificante.

RIN.GUE
s.m. Tablado elevado, cercado de cordas, onde acontecem lutas de boxe, jiu-jítsu, luta livre e outras.

RI.NI.TE
s.f. Inflamação da mucosa nasal.

RI.NO.CE.RON.TE
s.m. Mamífero quadrúpede, de pele espessa e dura, com um ou dois ossos sobre o focinho.

RI.SO.NHO
adj. 1. Que está sempre rindo ou sorrindo; sorridente. 2. Alegre, feliz, satisfeito.

RÍS.PI.DO
adj. 1. Áspero, severo. 2. Rude, grosseiro.
O diretor estava irritado e deu uma resposta ríspida aos estudantes.

RIT.MO
s.m. 1. Movimentos ou ruídos que ocorrem, no tempo, com intervalos regulares. 2. Som que se repete sempre no mesmo tempo. 3. Regularidade no andamento de uma execução musical.

RI.TU.AL
adj. 1. Conjunto de cerimônias e regras religiosas. 2. Conjunto de regras a serem seguidas em uma cerimônia.

RI.VAL
s.m. Pessoa que disputa com outra por um mesmo objetivo.

RI.VA.LI.DA.DE
s.f. 1. Qualidade ou condição de rival. 2. Concorrência, disputa, competição. 3. Desentendimento; oposição, conflito.

RO.BÔ
s.m. Aparelho automático que imita os movimentos humanos, podendo executar diferentes tarefas.

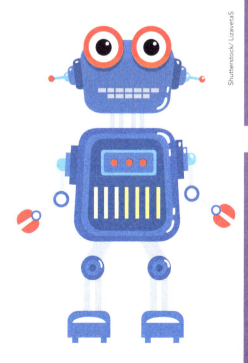

RO.BUS.TO
adj. De constituição resistente; reforçado, forte.

ROCK
(róc) *s.m.* Palavra de origem inglesa. Música popular de origem norte-americana com ritmo rápido e marcado por instrumentos amplificados eletronicamente; roque.

RO.CO.CÓ
adj. 1. Período em que este estilo (originado na corte francesa) predominou. 2. Diz-se do que está excessivamente enfeitado; fora de uso.

RO.DEI.O
s.m. 1. Ato ou efeito de rodear. 2. Competição esportiva de montaria de touros ou cavalos; exibição pública de peões. 3. Uso exagerado de palavras para abordar um assunto.

RO.DÍ.ZIO
s.m. 1. Revezamento em trabalhos ou funções. 2. Sistema de certos restaurantes no qual são servidos diversos pratos. 3. Proibição de circular automóveis, na cidade de São Paulo, em certos dias da semana e horários, conforme final da placa.

RO.DO.VI.A
s.f. Estrada de rodagem, estrada para veículos, autoestrada.
A velocidade permitida em uma rodovia é maior do que em uma rua residencial.

RO.DO.VI.Á.RIA
s.f. Estação de embarque e desembarque de passageiros de ônibus.

RO.E.DOR
(ô) *adj.* 1. Que rói. 2. Ordem de mamíferos à qual pertencem os ratos, as lebres, os esquilos, etc., que não possuem dentes caninos, mas incisivos próprios para roer.

RO.ER
v. 1. Cortar e triturar com os dentes. 2. Consumir, desgastar, corroer.

RO.MAN.CE
s.m. 1. Na literatura, narração ficcional em prosa, de aventuras imaginárias, mais complexa que o conto e a novela. 2. Imaginação fantástica do espírito; fantasia. 3. Aventura amorosa.

RON.RO.NAR
v. Fazer ruído com a garganta (o gato).
Os gatos ronronam para mostrar que estão felizes e satisfeitos.

RO.SEI.RA
s.f. Arbusto espinhoso, que produz rosas.

ROS.NAR
v. 1. Pronunciar em voz baixa, por entre dentes; resmungar. 2. Admoestar alguém; falar mal, em segredo. 3. Emitir (cão, lobo, etc.) um som surdo indicativo de raiva.

RO.TEI.RO
s.m. 1. Descrição escrita dos pontos que é preciso conhecer em uma viagem. 2. Relação dos principais tópicos que devem ser abordados em um trabalho escrito, em uma discussão, etc. 3. Guia minucioso da filmagem de uma história.

RO.TI.NA
s.f. 1. Prática constante. 2. Caminho habitualmente trilhado e sabido. 3. Hábito, costume. 4. Monotonia.

ROU.BO
s.m. 1. Apropriação indevida de algo que pertence a outra pessoa. 2. Aquilo que foi roubado. 3. Favorecimento indevido de um competidor em prejuízo do adversário.

ROU.QUI.DÃO
s.f. 1. Embaraço no órgão da voz resultando em dificuldade na pronúncia. 2. Alteração da voz que lhe faz mudar o timbre, a tonalidade, a altura, tornando-a áspera e pouco nítida.

ROU.XI.NOL
s.m. Pássaro europeu e asiático de canto melodioso.

RU.BÉ.O.LA
s.f. Doença viral caracterizada por pequenas feridas avermelhadas na pele e febre.

RU.BI
s.m. Pedra preciosa, transparente, de cor vermelha.

RU.BO.RI.ZAR
v. 1. Tornar(-se) rubro ou vermelho. 2. Ficar com a face vermelha, corada; envergonhar(-se).

RU.BRI.CA
s.f. Assinatura abreviada.

RU.DE
adj. 1. Grosseiro; insensível, sem educação nem modos. 2. Não cultivado, inculto. 3. Estúpido, descortês.

RU.GIR
v. 1. Soltar a voz (o leão); bramir, urrar. 2. Causar som áspero e agudo.

RU.Í.DO
s.m. 1. Qualquer estrondo, rumor. 2. Barulho produzido pela queda de um corpo.

RUI.VO
s.m. 1. Indivíduo de cabelo ruivo. 2. Louro-avermelhado. 3. Amarelo-avermelhado.

RU.MOR
(ô) *s.m.* 1. Sussurro, cochicho. 2. Murmúrio de vozes. 3. Informação não confirmada; boato.

RU.RAL
adj. 1. Referente ao campo ou à vida agrícola; campestre. 2. Camponês, rústico, agreste. 3. Roceiro.

RUS.SO
adj. 1. Que ou quem veio da Rússia. / *s.m.* 2. Língua falada nesse país.

RÚS.TI.CO
adj. 1. Referente ao campo, campestre. 2. Grosseiro, ignorante, bruto. 3. Diz-se do indivíduo descortês, incivil. 4. Sem acabamento, tosco. *Minha mãe prefere o estilo rústico quando escolhe os móveis de nossa casa.*

S

S
(ésse) *s.m.* Décima nona letra do alfabeto.

SÁ.BA.DO
s.m. Sétimo dia da semana, a qual tem início no domingo.

SA.BÃO
s.m. Produto usado para lavar roupas, utensílios, superfícies, etc.; pode ser encontrado em pó, em barra ou líquido.

SA.BI.Á
s.2gên. Pássaros que possuem plumagem muito simples, geralmente marrom, cinza ou preta. São muito apreciados pelo seu canto harmônico.

SA.BO.NE.TE
s.m. Produto, geralmente em barra ou líquido, usado para higiene do corpo.

SA.BOR
(ô) *s.m.* Gosto, sensação que certas substâncias exercem sobre os órgãos do paladar.
O kiwi pode ter um sabor bastante azedo se não estiver maduro.

SA.BE.DO.RI.A
s.f. Alto grau de conhecimento.

227

SA.BU.GO
s.m. Espiga de milho sem os grãos. *Visconde de Sabugosa é o sabugo de milho das histórias de Monteiro Lobato.*

SA.CA-RO.LHAS
(ô) *s.m. pl.* Instrumento usado para tirar as rolhas de cortiça das garrafas.

SA.CHÊ
s.m. 1. Pequeno saco com substâncias aromáticas utilizado para perfumar. 2. Pequeno saco, geralmente de plástico, utilizado como embalagem de ketchup, mostarda, maionese, etc. 3. Pequeno saco de papel-filtro contendo chá para uma dose.

SA.CI
s.m. Personagem do folclore brasileiro, garoto negro de uma perna só e travesso, que fuma cachimbo e usa um gorro vermelho; saci-pererê.

SA.DI.O
adj. 1. Que é bom para a saúde. 2. Que tem boa saúde.

SA.FÁ.RI
s.m. 1. Excursão de caça, comum nas selvas africanas. 2. Parque de animais selvagens.

SA.FI.RA
s.f. Pedra preciosa de cor azul.

SA.GRA.DO
adj. Relativo a Deus, a uma divindade, a uma religião ou a um culto; divino, sacro, santo.

SA.GUI
(gü) *s.m.* Pequeno macaco de cauda felpuda e comprida; mico.

SAI.A
s.f. Roupa de comprimento variável, que vai da cintura às pernas, usada especialmente pelas mulheres, e em algumas culturas também por homens.

SA.LA.DA
s.f. 1. Alimento preparado com verduras e legumes, etc., servido frio, geralmente antes do prato principal. 2. Mistura de coisas diferentes em estado de confusão.

SA.LA.MAN.DRA
s.f. Anfíbio de corpo alongado, membros curtos e cauda longa, parecido com um lagarto.

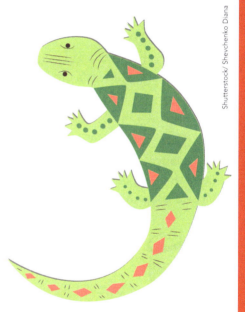

SA.Í.DA
s.f. 1. Ação de sair, de passar de dentro para fora de um lugar. 2. Lugar por onde é possível sair.
A saída do ginásio ficou cheia no fim do jogo.

SA.IR
v. 1. Passar de dentro para fora. 2. Partir de um lugar para outro. 3. Deixar de participar.

SA.LA.ME
s.m. Carne temperada e seca ao ar ou em locais onde há grande concentração de fumaça, preparada para se comer crua.

SAL
s.m. Substância de cor branca usada como tempero de cozinha; em seu estado natural, é encontrado diluído na água do mar.

SA.LÁ.RIO
s.m. Pagamento que um trabalhador recebe por seu serviço prestado.

SA.LI.VA
s.f. Líquido transparente, que amacia e umedece os alimentos quando mastigados e auxilia na digestão; cuspe.

SAL.MÃO
s.m. 1. Grande peixe de carne rosada e saborosa. / *adj.* 2. A cor da carne do salmão.
Comprei um vestido salmão para ir ao casamento da minha irmã.

SA.MAM.BAI.A
s.f. Planta com grande quantidade de folhas, muito cultivada em jardins e estufas.

SAM.BA
s.m. 1. Dança popular brasileira, de origem africana, cantada e gingada. 2. Música própria para essa dança.

SA.MU.RAI
s.m. Guerreiro do Japão que servia a um nobre.

SAN.DU.Í.CHE
s.m. Conjunto de duas ou mais fatias de pão entre as quais se colocam fatias de carne, presunto, queijo, salame, etc.

SAN.FO.NA
s.f. Instrumento musical com dois teclados laterais e mecanismo semelhante ao do acordeão.

SAN.GUE
s.m. Líquido espesso, vermelho, que circula pelas veias e artérias – impulsionado pelo coração – dos animais vertebrados para levar oxigênio e nutrientes para todo o corpo.

SA.PO
s.m. Anfíbio de quatro patas, sem rabo, de pele rugosa.

SA.TÉ.LI.TE
s.m. Astro que gira em torno de um planeta; Lua.
O satélite natural da Terra é a Lua.

SAU.DA.DE
s.f. Sentimento mais ou menos triste, que acontece pela falta de pessoas, de lugares, ou de situações já vividas.

SAUDÁVEL
adj. 1. Que tem saúde mental, física. 2. Que faz bem à saúde.

SA.Ú.VA
s.f. Nome comum a diversas espécies de formigas tropicais que vivem em colônias e se alimentam de um fungo que se forma a partir de pedaços de folhas que carregam até seus ninhos, podendo com isso causar grandes estragos às plantações.

SE.BO
(ê) *s.m.* 1. Gordura produzida pelo corpo de certos animais para proteção da pele. 2. Local em que são vendidos livros usados.

SE.CA.DOR
(ô) *adj.* 1. Aquilo que retira a umidade de algo. 2. Aparelho ou máquina usado para secar.

SE.ÇÃO
s.f. 1. Ato ou efeito de dividir em partes. 2. Cada parte em que algo inteiro foi separado.

SÉ.CU.LO
s.m. Período ou espaço de tempo de cem anos seguidos.

SE.DA
(ê) *s.f.* 1. Substância produzida pela larva do bicho-da-seda. 2. Fio feito com essa substância. 3. Termo usado para se referir a qualquer coisa macia.

SE.GRE.DO
(ê) *s.m.* 1. Aquilo que não se pode dizer a ninguém. 2. Algo que é sabido por poucos; sigilo.

SE.GU.RAN.ÇA
s.f. 1. Situação em que algo ou alguém está protegido do perigo. / *s.2gên.* 2. Pessoa encarregada de garantir a segurança pessoal de alguém, de uma empresa, de um condomínio, etc.

SE.LA
s.f. Assento de couro, que se coloca sobre as costas do cavalo antes de montá-lo.
Antes de andar a cavalo, verifique se a sela está bem fixa.

SE.LO
(ê) *s.m.* Pequeno papel impresso, com estampa de um lado e cola do outro, usado em cartas ou pacotes enviados pelo correio.

SEL.VA
s.f. Vasta floresta natural; mata.

SE.MÁ.FO.RO
s.m. Poste de sinalização com faróis coloridos, usado no trânsito como ponto de referência; sinal de trânsito, sinaleira, sinaleiro; farol.

SE.MA.NA
s.f. 1. Conjunto de sete dias, de domingo até sábado. 2. Sequência de sete dias.

SE.MEN.TE
s.f. Grão produzido pelas plantas, o qual quando lançado na terra dá origem a uma nova planta.

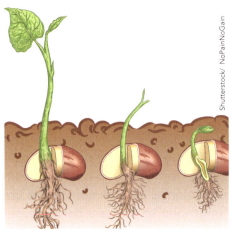

SE.MES.TRE
s.m. Período de tempo de seis meses.

SE.NHA
s.f. 1. Palavra, gesto, sinal combinado entre duas ou mais pessoas. 2. Código de acesso a informações e serviços que só podem ser vistos por uma ou algumas pessoas.

SEN.TI.MEN.TO
s.m. 1. Ato ou efeito de sentir. 2. Sensação.

SE.PA.RAR
v. Afastar o que está junto.

SE.PUL.TU.RA
s.f. Lugar onde se enterram os mortos; cova, jazigo, sepulcro, túmulo.

SE.QUÊN.CIA
s.f. 1. Ato ou efeito de seguir. 2. Continuação, série.
O garoto fez o mesmo movimento com os braços, de acordo com a sequência mostrada pela professora.

SE.REI.A
s.f. Criatura fictícia, mulher formosa da cintura para cima e, da cintura para baixo, peixe, que com a doçura de seu canto atrai os navegantes.

SE.RE.NA.TA
s.f. Composição musical executada à noite, ao ar livre, geralmente debaixo de uma janela, em homenagem à mulher amada.

SE.RIN.GA
s.f. Instrumento com uma agulha oca, usado para aplicar injeções com medicamentos ou tirar líquidos do corpo para exames.

SER.PEN.TE
s.f. 1. Réptil que não possui patas, e se movimenta rastejando; cobra. 2. Pessoa má e traiçoeira.

SER.PEN.TI.NA
s.f. Fita de papel colorido, geralmente utilizada nas festas de Carnaval, que se desenrola quando lançada para o alto.

SER.RA
s.f. 1. Ferramenta com lâmina de aço dentada e cortante. 2. Conjunto de montanhas; cordilheira.

SER.TÃO
s.m. 1. Lugar interior, longe de povoações. 2. Região do interior do Brasil, mais seca do que a caatinga.

SES.SÃO

s.f. 1. Espaço de tempo em que acontece uma reunião de pessoas para tratar de um assunto de interesse comum. 2. Cada apresentação de um espetáculo, nos teatros e cinemas.

Às segundas-feiras, o cinema faz uma promoção para a sessão das 14h.

SES.TA

s.f. A hora em que se dorme depois do almoço.

SE.TA

s.f. 1. Flecha. 2. Ponteiro de relógio. 3. Sinal em forma de flecha, que indica uma direção.

SE.VE.RO

adj. 1. Rígido, rigoroso; impetuoso. 2. Inflexível; intolerante, exigente.

SHORTS

(chórts) *s.m.* Palavra de origem inglesa. Calção esportivo curto usado por homens e mulheres.

SHOW

(chôu) *s.m.* Palavra de origem inglesa. Espetáculo artístico com apresentações variadas, realizado em programas de teatro, rádio e televisão.

SI.A.MÊS

adj. 1. Gêmeos que nascem unidos por uma parte do corpo: irmãos siameses. 2. Raça de gatos facilmente domesticáveis, que geralmente têm o pelo da face, orelhas, patas e cauda de cor castanho-escuro.

SI.BI.LAR

v. 1. Produzir som agudo e prolongado, assoprando; assobiar. 2. Assobiar imitando o som das cobras e serpentes.

SI.GLA

s.f. Abreviatura formada pelas iniciais ou pelas primeiras sílabas de uma expressão.

SIG.NO
s.m. 1. Sinal, símbolo. 2. Cada uma das 12 divisões do zodíaco e cada uma das constelações correspondentes.

SÍ.LA.BA
s.f. Som ou grupo de sons pronunciados em uma só emissão de voz. *A palavra "casa" tem duas sílabas.*

SI.LÊN.CIO
s.m. Ausência de ruídos.

SIL.VES.TRE
adj. Característica de plantas e animais que nascem ou vivem na selva.

SÍM.BO.LO
s.m. 1. Imagem, figura ou objeto que serve para representar qualquer coisa. 2. Emblema, marca, sinal representativo.

SIM.PA.TI.A
s.f. Afinidade entre duas pessoas por possuírem características semelhantes; afeição.

SIN.FO.NI.A
s.f. 1. Várias vozes ou instrumentos soando harmoniosamente. 2. Concerto de vários instrumentos. 3. A música executada por um concerto.

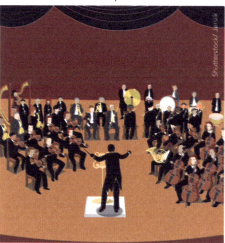

SIN.GU.LAR
adj. 1. Relativo a um só; individual, único. 2. Que não tem igual nem semelhante; inédito.

SI.NIS.TRO
adj. 1. Esquerdo, canhoto. 2. Que causa temor, hesitação. 3. De mau temperamento.

SI.NO
s.m. Instrumento, geralmente de bronze, em forma de cone oco, que produz sons ao ser tocado por uma peça interna, chamada badalo, ou por um martelo do lado de fora.

SI.NÔ.NI.MO
adj. Palavra que possui quase ou o mesmo sentido de outra.
Sapato e calçado são sinônimos, pois significam a mesma coisa.

SI.NU.CA
s.f. Jogo realizado sobre uma mesa retangular coberta por feltro verdes, em que o objetivo é acertar as bolas coloridas nas caçapas posicionadas nas laterais e pontas da mesa.

SI.RI
s.m. Animal que possui uma carapaça resistente e dez patas, sendo que as duas traseiras têm forma de remos para facilitar a natação.

SITE
(sáit) *s.m.* Palavra de origem inglesa. Espaço na internet onde são inseridas e apresentadas informações e imagens.

SÍ.TIO
s.m. Moradia em área rural; chácara.

SO.AR
v. 1. Emitir ou produzir som. 2. Marcar ou bater as horas.
O relógio soou oito horas, anunciando o jantar.

SO.BRA.DO
adj. 1. Que sobrou; exagerado; farto. / *s.m.* 2. Andar superior ao andar térreo de um edifício. 3. Prédio com dois ou mais andares.

SO.BRAN.CE.LHA
(ê) *s.f.* Conjunto de pelos acima dos olhos; sobreolho, sobrolho, supercílio.

SO.BRE.ME.SA
(ê) *s.f.* Doce, fruta ou outra guloseima, que se come depois da refeição.

SO.BRE.NO.ME
s.m. Nome que vem depois do primeiro de batismo; nome de família.

SO.CI.E.DA.DE
s.f. Junção de pessoas ou animais que vivem de acordo com as mesmas regras em um mesmo local e época.

SO.CO
(ô) *s.m.* Golpe com a mão fechada; murro.

SO.COR.RO
(ô) *s.m.* Ajuda a alguém que está em perigo ou com problemas.

SO.FRI.MEN.TO
s.m. 1. Dor física causada por ferimento ou doença. 2. Angústia, aflição, amargura.

SO.JA
s.f. Planta originária da China e do Japão usada na fabricação de óleo, farinha, leite, etc.

SOL
s.m. 1. O astro principal e central do nosso sistema planetário. 2. A luz e o calor transmitidos pelo Sol. 3. Quinta nota da escala musical.

SOL.DA.DO
s.m. 1. Pessoa que ocupa o primeiro (e mais baixo) cargo do Exército, Marinha ou Polícia Militar. / *adj.* 2. Que foi unido com solda.

SO.LE.TRAR
v. 1. Ler a pronúncia de cada letra separadamente e, logo após, juntá-las em sílabas. 2. Ler mal, decifrar.

SO.LI.DA.RI.E.DA.DE
s.f. Sentimento que faz as pessoas se ajudarem.

SÓ.LI.DO
adj. 1. Que tem forma própria; que possui consistência. 2. Resistente, durável. / *s.m.* 3. Qualquer corpo sólido.
A água em seu estado sólido tem a forma de gelo.

SO.LO
s.m. 1. Chão. 2. Trecho de uma apresentação realizado por apenas um artista.

SO.LU.ÇO
s.m. Contração involuntária dos músculos do diafragma, que emite certo ruído com a saída da pequena porção de ar que entrou no peito.

SOM
s.m. Ruído (harmonioso ou não) percebido pela audição.

SO.MAR
v. 1. Realizar a operação de adição; adicionar. 2. Juntar-se, reunir-se.
O time contratou um novo jogador para somar à equipe.

SOM.BRA
s.f. 1. Espaço sem luz. 2. Reprodução do contorno de uma figura que se coloca entre a superfície e o foco de luz.

SOM.BRI.O
adj. 1. Cheio de sombras. 2. Medonho. / *s.m.* 3. Diz-se do lugar que não está exposto ao Sol.

SO.NÂM.BU.LO
adj. Pessoa que anda e fala durante o sono.

SO.NHO
s.m. 1. Conjunto de imagens que aparecem na mente durante o sono. 2. Doce leve e fofo feito à base de farinha, leite e ovos, frito em gordura e passado em açúcar ou calda.

SO.NO.RO
adj. 1. Que produz sons. 2. Que emite som agradável ao ouvido; melodioso.

SO.PA
(ô) *s.f.* Caldo de carnes, massas, legumes e outras substâncias que serve como alimento.

SOR.RIR
v. 1. Rir suavemente, achar graça. 2. Alegrar-se, mostrar-se contente.

SOR.TE
s.f. Aquilo que torna acontecimentos possíveis de maneira inesperada.

SOR.VE.TE
(ê) *s.m.* Sobremesa doce e gelada, de sabores variados.

SOS.SE.GO
(ê) *s.m.* Tranquilidade, serenidade, calma, quietude.

SO.TA.QUE
s.m. Pronúncia própria de uma pessoa ou região.

SPRAY
(sprei) *s.m.* Palavra de origem inglesa. 1. Recipiente fechado com uma bomba de pressão que projeta um jato de minúsculas gotas de líquido; aerossol. 2. O nome dado ao jato que sai desse recipiente.

SU.AR
v. 1. Eliminar o suor pelos poros; transpirar. 2. Esforçar-se muito; cansar-se.
Danilo suou para entregar os trabalhos da escola a tempo.

SU.A.VE
adj. 1. Aquilo que não é grosseiro ou duro; macio. 2. Fraco, gentil.

SU.BIR
v. Ir de baixo para cima.

SÚ.BI.TO
adj. Que acontece de repente, sem ser previsto; inesperado.

SUB.MA.RI.NO
adj. 1. Que está no fundo das águas do mar. / *s.m.* 2. Navio que é capaz de ficar completamente debaixo da água.

SU.CA.TA
s.f. Ferro ou objeto de metal considerados imprestáveis, os quais são refundidos e comercializados novamente.

SU.CO
s.m. Caldo que se retira de frutas ou vegetais ao serem espremidos ou triturados com outros líquidos, como água.

SUN.GA
s.f. Traje de tecido elástico utilizado para tomar banho em piscina, no mar, etc.

SU.PER-HE.RÓI
s.m. Personagem fictício que possui poderes sobre-humanos e que combate o mal.

SU.PERS.TI.ÇÃO
s.f. Crença sem comprovação científica que faz as pessoas terem medo de coisas fantásticas ou confiar em coisas inexplicáveis.
A minha tia tem a superstição de dar três pulinhos quando encontra algo que estava desaparecido.

SUR.FE
s.m. Esporte aquático em que o praticante fica de pé sobre uma prancha e faz manobras sobre as ondas.

SUS.PEN.SE
s.m. Clima criado em filmes, peças de teatro e livros que causa a sensação de forte tensão e incerteza do que vai acontecer.

SUS.PI.RAR
v. 1. Respirar profundamente. 2. Sentir saudade ou nostalgia; angústia.

SUS.PI.RO
s.m. 1. Respiração profunda e prolongada. 2. Doce preparado com claras de ovos e açúcar.

SUS.TEN.TÁ.VEL
adj. 1. Que é suportável; que se sustenta. 2. Aquilo que pode ser construído ou reaproveitado, utilizando recursos que não coloquem em risco o meio ambiente.

SUS.TO
s.m. Sensação de medo causada por um acontecimento inesperado.

T

T
(tê) *s.m.* Vigésima letra do alfabeto.

TA.BU.A.DA
s.f. Quadro em que são registrados os resultados das quatro operações fundamentais com os números de 1 a 10.

TA.LEN.TO
s.m. Capacidade ou habilidade para realizar determinada atividade.

TA.MAN.DU.Á
s.m. Espécie de mamífero sem dentes, que possui focinho alongado, língua comprida e pegajosa e grandes garras nas patas anteriores, com as quais escava em formigueiros e cupinzeiros; papa-formigas.

TAM.BOR
(ô) *s.m.* Instrumento musical de percussão, de formato cilíndrico, coberto com plástico ou couro, que emite som ao ser tocado com baquetas ou com as mãos.

TA.RE.FA
s.f. Obra ou trabalho que tem de ser concluído em um prazo estipulado.

TA.TU.A.GEM
s.f. 1. Técnica de produzir figuras ou textos na pele, aplicando tintas por meio de agulhas. 2. O desenho ou pintura feito por esse processo.
O homem tinha uma grande tatuagem de dragão em suas costas.

TE.A.TRO
s.m. Local com palco próprio destinado a apresentações de obras musicais, teatrais, ópera, etc.

TÉC.NI.CA
s.f. 1. Conjunto de processos, métodos e procedimentos de uma arte, ciência ou ofício. 2. Jeito próprio de se fazer algo.
É preciso muita técnica para modelar um vaso.

TE.CLA.DO
s.m. Conjunto de teclas em instrumento musical, aparelho, máquina, computador, etc.

TÉC.NI.CO
adj. 1. Quem é especialista em uma atividade. 2. Treinador de um conjunto esportivo ou de um atleta.

TÉ.DIO
s.m. Sensação de aborrecimento, desgosto, ou vazio, com ou sem causa conhecida.

TEI.A
s.f. Rede de fios muito finos que a aranha tece para prender os insetos que lhe servem de alimento.

TEI.MO.SI.A
s.f. 1. Qualidade de teimoso. 2. Atitude de quem insiste firmemente em algo.

TE.LES.CÓ.PIO
s.m. Instrumento usado para observar os astros ou objetos muito distantes.

TE.LES.PEC.TA.DOR
(ô) *s.m.* Espectador de televisão; quem assiste.

TE.MOR
(ô) *s.m.* 1. Medo, pavor, receio. 2. Sentimento de respeito ou reverência.

TEM.PE.RA.TU.RA
s.f. 1. Quantidade de calor ou frio em algo ou algum lugar. 2. Grau do calor na atmosfera ou no corpo humano, marcado pelo termômetro.

TEM.PE.RO
(ê) *s.m.* Ingrediente que ao ser adicionado à comida lhe dá sabor; condimento.

TEM.PES.TA.DE
s.f. Temporal, chuva forte acompanhada de ventos, trovões e raios.

TEM.PES.TU.O.SO
adj. 1. Que provoca tempestade. 2. Relativo à tempestade.

TEM.PLO
s.m. 1. Prédio público consagrado ao culto religioso. 2. Lugar sagrado; igreja (para os cristãos).

TÊ.NIS
s.m. 1. Jogo praticado com bola e raquete em uma quadra dividida ao meio por uma rede, ficando um jogador ou uma dupla de cada lado. 2. Calçado de lona, tecido sintético, couro, etc. e com sola de borracha.

TEN.TÁ.CU.LO
s.m. Membros móveis, alongados e sem ossos, que certos animais aquáticos, como as águas-vivas e os polvos, usam para o tato, para a apreensão e para a locomoção.

TER.MÔ.ME.TRO
s.m. Instrumento usado para medir a temperatura de um corpo, lugar ou substância.

TER.NU.RA
s.f. Meiguice, carinho, afeto.
Gláucia tratava seu gatinho com muita ternura.

TER.RA
s.f. 1. O planeta que habitamos (neste caso, escreve-se com letra maiúscula). 2. A parte sólida desse planeta, solo, chão. 3. Pátria; lugar onde a pessoa nasceu.

TER.REI.RO
s.m. 1. Espaço de terra plano e amplo. 2. Local onde se praticam cerimônias de cultos afro-brasileiros.

TER.RE.MO.TO
s.m. Tremor da superfície terrestre. O Japão é um país que sofre constantes ameaças de terremotos.

TER.ROR
s.m. Medo extremo, pavor.

TE.SOU.RO
s.m. 1. Grande quantidade de riquezas de qualquer espécie, como dinheiro, ouro, objetos de valor, joias, etc. 2. Coisa ou pessoa muito querida.

TES.TA.MEN.TO
s.m. Documento mediante o qual alguém determina a distribuição de seus bens após a sua morte.

TES.TE.MU.NHA
s.f. Pessoa que presencia uma situação e fala a respeito do que viu. O padeiro foi a única testemunha do incêndio.

TI.MI.DEZ
s.f. Estado ou característica de tímido; acanhamento.

TIN.TU.RA
s.f. 1. Ato ou efeito de tingir; tingimento. 2. Tinta preparada para pintar cabelos ou tecidos.

TIN.TU.RA.RI.A
s.f. 1. Lugar onde se lavam e passam roupas e outras peças; lavanderia. 2. Estabelecimento onde se tingem tecidos e peças de vestuário.

TÍ.TU.LO
s.m. 1. Inscrição colocada no início de um livro, capítulo, etc., ou cabeçalho, para indicar o assunto. 2. Letreiro, rótulo.

TO.LE.RÂN.CIA
s.f. Virtude que algumas pessoas têm de admitir e respeitar ideias e sentimentos diferentes dos seus.

TO.LO
(ô) adj. e s.m. 1. Que não tem inteligência; bobo. 2. Sem significação.

TON.TU.RA
s.f. Vertigem, tonteira.

TO.PO
s.m. 1. A parte mais alta. 2. O maior grau que se pode alcançar.

TO.PO.GRA.FI.A
s.f. 1. Descrição detalhista de um local. 2. Técnica de representar no papel o relevo de uma região, demonstrando tudo o que há na superfície.

TÓ.RAX
(cs) *s.m.* Parte do corpo que fica entre o pescoço e o abdome, e guarda os principais órgãos da circulação e da respiração; peito.

TORCER
v. 1. Deslocar uma parte do corpo. 2. Fazer girar sobre si mesmo. 3. Desejar, querer que um time, equipe, colégio, etc. ganhe ou perca em uma competição.

TOR.CI.CO.LO
s.m. Forte contração de músculos do pescoço que causa uma posição irregular da cabeça.

TOR.CI.DA
s.f. 1. Ato ou efeito de torcer.
2. Grupo de pessoas que torcem para um mesmo clube.

TOR.NA.DO
s.m. Redemoinho de vento em forma de cone invertido, com grande poder de destruição.

TOR.NEI.O
s.m. Campeonato, torneio, concurso. *A garota ficou em primeiro lugar no torneio de natação.*

TRA.DI.ÇÃO
s.f. 1. Ação de transmitir ou entregar. 2. Transmissão de lendas, fatos, hábitos, etc., entre gerações.

TRA.DU.ÇÃO
s.f. 1. Substituição de uma língua por outra. 2. Obra traduzida.

TRA.DU.TOR
(ô) *adj.* 1. Que traduz. / *s.m.* 2. Quem possui como função ou profissão traduzir textos.

TRA.GÉ.DIA
s.f. 1. Peça dramática que acaba com a morte de algum personagem. 2. Arte de representar ou fazer tragédias. 3. Acontecimento que desperta tristeza, catástrofe.

TRA.I.ÇÃO
s.f. 1. Rompimento de lealdade. 2. Falsidade. 3. Quebra de fidelidade prometida.

TRA.VES.SÃO
s.m. 1. Traço horizontal (—), maior que o hífen, usado para separar palavras ou frases, substituir parênteses, nos diálogos, etc. 2. Barra horizontal apoiada nas traves do gol.

TREI.NA.DOR
(ô) *adj.* e *s.m.* Profissional que instrui ou treina um atleta ou time; técnico.

TRI.BO
s.f. 1. Conjunto de famílias, geralmente da mesma origem, que obedecem a um chefe ou mais. 2. Aldeia; povoado.

TRI.CÔ
s.m. Tecido de malhas entrelaçadas com agulhas.

TRI.GÊ.MEO
adj. e *s.m.* Cada um dos três indivíduos nascidos do mesmo parto.

TRO.PI.CAL
adj. 1. Referente aos trópicos. 2. Que se encontra entre os trópicos. 3. Referente ao clima das regiões tropicais.

TRO.VÃO
s.m. Barulho muito alto que acontece em dias de tempestade, geralmente acompanhando um relâmpago.

TU.FÃO
s.m. 1. Vento fortíssimo e tempestuoso. 2. Furacão, vendaval.
Cancelaram o voo por ameaça de tufão.

TU.PI
adj. Indígena de qualquer dos grupos tupis.

246

U

U
s.m. Vigésima primeira letra do alfabeto.

U.FA.NIS.MO
s.m. Orgulho excessivo do país em que se nasceu; patriotismo exagerado.

U.FO.LO.GI.A
s.f. Estudo ou conjunto de hipóteses sobre os objetos voadores não identificados (óvni).

UL.TRA.LE.VE
adj. 1. Extremamente leve. / s.m. 2. Avião pequeno e muito leve, com motor de baixa potência e apenas um lugar para o piloto.

UM.BAN.DA
s.f. Nome dado a vários cultos religiosos afro-brasileiros.

UM.BI.GO
s.m. Cicatriz arredondada, no meio da barriga, resultante do corte do cordão umbilical.

Ú.MI.DO
adj. Ligeiramente molhado.

U.NI.ÃO
s.f. 1. Ato ou efeito de unir, juntar, ligar duas ou mais coisas. 2. Casamento.

U.NI.CÓR.NIO
s.m. Animal mitológico com a forma de um cavalo com um chifre no meio da testa.

U.NI.FOR.ME
adj. 1. Que tem uma só forma; não varia. / s.m. 2. Farda; vestuário igual para a identificação de uma classe de alunos, funcionários, etc. *O uniforme dos bombeiros é composto de macacão, capacete e botas.*

U.NIS.SEX
adj. O que pode ser usado tanto por homens como por mulheres.

U.NI.VER.SI.DA.DE
s.f. 1. Instituição de ensino e pesquisa de nível superior, composta por várias faculdades que visam formar os alunos na área profissional e/ou científica. 2. Local onde funciona essa instituição.

U.NI.VER.SO
s.m. Conjunto de todos os corpos celestes com tudo o que neles existe.

U.RA.NO
s.m. Nome do sétimo planeta do sistema solar.

U.RI.NA
s.f. 1. Líquido que se forma nos rins, acumulado na bexiga e depois lançado para fora do corpo pela uretra. 2. Xixi.

UR.SO
s.m. Grande mamífero feroz e peludo, de patas e rabo curtos, capaz de ficar em pé sobre as patas traseiras.

U.RU.BU
s.m. Ave que se alimenta de carne de animais mortos.

Ú.TE.RO
s.m. Órgão do aparelho reprodutor das fêmeas de quase todos os mamíferos, incluindo os seres humanos. *Antes de nascerem, os seres humanos se desenvolvem por nove meses dentro do útero da mãe.*

U.TÓ.PI.CO
adj. Algo que é fruto da imaginação, da fantasia ou de um sonho.

U.SI.NA
s.f. 1. Indústria com máquinas que produzem matérias-primas; fábrica. 2. Conjunto de indústrias que produzem energia elétrica.

U.SU.AL
adj. Que está em uso; que se usa com frequência.

V

V
(vê) *s.m.* Vigésima segunda letra do alfabeto.

VA.CI.NA
s.f. Remédio preventivo contra algumas doenças, aplicado nas pessoas e nos animais; vacinação.
O menino tomou vacina contra sarampo.

VA.GA-LU.ME
s.m. Tipo de inseto, que emite luz; pirilampo.

VAI.DA.DE
s.f. Valorização da própria aparência.

VA.LEN.TI.A
s.f. Qualidade de quem é valente; bravura, coragem.

VA.LI.O.SO
(ô) *adj.* 1. De muito valor. 2. Importante; precioso. 3. De muito merecimento.

VAL.SA
s.f. 1. Tipo de dança de salão realizada em casais, que pode ser dançada em passos lentos, moderados ou rápidos. 2. Música apropriada para acompanhar essa dança.

VAM.PI.RO
s.m. 1. Ser imaginário, fantasioso, que deixa seu caixão à noite para se alimentar do sangue das pessoas, que, se mordidas, tornam-se vampiros também. 2. Gênero de morcegos muito grandes, que se alimenta do sangue de animais.

VAN.DA.LIS.MO
s.m. Destruição de bens públicos ou particulares, como prédios, monumentos, praças, meios de transporte, etc.

VA.QUEI.RO
adj. Pessoa que trabalha com gado.

VE.GE.TA.ÇÃO
s.f. Conjunto de plantas nativas de uma área, região, etc., com características próprias de acordo com o clima, o solo, etc.

VE.GE.TA.RI.A.NO
adj. e *s.m.* Pessoa que se alimenta exclusivamente de vegetais.

VE.LE.JAR
v. Navegar em barco a vela.

VE.LHI.CE
s.f. 1. Fase da vida após a maturidade. 2. O tempo que algo ou alguém já existiu.

VE.LO.CI.DA.DE
s.f. Característica do que acontece ou é feito rapidamente.
A velocidade máxima permitida na minha avenida é 50 km/h.

VE.LÓ.DRO.MO
s.m. Pista para corridas de bicicletas.

VEN.DA.VAL
s.m. Vento tempestuoso; temporal, ventania.

VE.NE.NO
s.m. 1. Substância tóxica que causa dano ao organismo e chega a matar. 2. Secreção venenosa de alguns animais e vegetais.

VEN.TRÍ.LO.QUO
(co ou qüo) *adj.* e *s.m.* Aquele que domina a técnica de falar quase sem mover os lábios, dando a impressão de que a voz vem de um boneco.

VÊ.NUS
s.f. 1. Planeta que orbita entre a Terra e Mercúrio. 2. Na antiga Roma, é a deusa do amor e da beleza.

VER.BO
s.m. Palavra que tem a função de descrever ação, estado, fenômenos da natureza. Ele descreve também se algo ocorreu antes deste momento, se está acontecendo agora ou se vai acontecer no futuro.

VE.RE.A.DOR
(ô) s.m. Indivíduo integrante da câmara municipal, responsável por propor e votar em projetos de leis para o município.

VER.GO.NHA
s.f. Constrangimento, embaraço, timidez, acanhamento.

VER.ME
s.m. Animal invertebrado que tem o corpo mole e vive no interior de outros animais.

VER.MI.NO.SE
s.f. Doença causada por infestação de vermes.

VER.SO
s.m. 1. Cada linha da estrofe ou de um poema. 2. Lado de trás de qualquer folha ou objeto.

VER.TE.BRA.DO
adj. 1. Que tem vértebras. 2. Animal que tem um esqueleto composto de ossos.

VES.PER.TI.NO
adj. 1. Referente ao período da tarde. 2. O que acontece nesse horário. *Iremos à sessão vespertina do teatro.*

VES.TI.BU.LAN.DO
adj. e s.m. Aquele que está se preparando para as provas do vestibular.

VE.TE.RI.NÁ.RIA
s.f. 1. Ciência que estuda as doenças dos animais, o seu tratamento e prevenção. 2. Medicina veterinária.

VI.A.DU.TO
s.m. Construção que liga dois lugares, passando por cima de obstáculos, vales, rodovias, etc.

VIR.TU.DE
s.f. Disposição para a prática do bem.

VÍ.RUS
s.m. 1. Ser vivo muito, muito pequeno, responsável por causar várias doenças infecciosas. 2. Programa (software) que pode causar grandes danos em computadores.

VI.TA.MI.NA
s.f. 1. Substância encontrada em alimentos, as quais exercem importante papel na nutrição. 2. Bebida nutritiva feita de frutas ou legumes batidos no liquidificador, geralmente com adição de leite ou suco, aveia, açúcar, etc.

VI.ZI.NHAN.ÇA
s.f. Pessoas ou famílias que moram próximos uns dos outros.

VI.ZI.NHO
adj. Aquele que mora perto.

VO.CA.BU.LÁ.RIO
s.m. 1. Lista de palavras de uma língua, organizados em ordem alfabética. 2. Em um livro ou texto de leitura, lista de termos que apresentam determinadas particularidades. 3. Conjunto de palavras conhecidas por uma pessoa.

VO.LEI.BOL
s.m. Jogo disputado entre duas equipes de seis jogadores cada que, separados por uma rede, lançam uma bola uns contra os outros, sem deixá-la tocar no chão, sendo que cada equipe pode dar, no máximo, três toques na bola.

VO.LUN.TÁ.RIO
adj. Que age por vontade própria, sem obrigação.

VO.MI.TAR
v. Lançar pela boca o que foi engolido e estava no estômago.
Ele comeu algo que estava estragado e vomitou.

VO.TAR
v. 1. Aprovar ou escolher por meio de voto. 2. Manifestar-se, dar opinião, por meio de voto, contra ou a favor.

VO.TA.ÇÃO
s.f. Eleição feita para escolher algo por meio do voto.

VO.TO
s.m. Modo de demonstrar uma opinião ou desejo, dentre algumas opções, em uma reunião.

VUL.CÃO
s.m. Abertura na superfície terrestre, que dá passagem à lava, o líquido quente do interior da Terra, e outras substâncias, como fogo, cinzas, gases, fumaça, pedras.

W

(dábliu) *s.m.* Vigésima terceira letra do alfabeto.

WAF.FLE
(uófel) *s.m.* Palavra de origem inglesa. Massa feita de farinha, ovos, leite e fermento, assada em uma forma elétrica especial e consumida com geleia, mel, etc.

WAL.KI.E-TAL.KI.E
(uóqui-tóqui) *s.m.* Palavra de origem inglesa. Pequeno rádio que emite e recebe sinais (sons), usado para a comunicação em curtas distâncias.

WEB
(uéb) *s.f.* Palavra de origem inglesa pela qual a rede de computadores se tornou conhecida; internet.

WIND.SUR.FE
s.m. Esporte em que o atleta se equilibra em pé sobre uma prancha semelhante àquela usada no surfe, mas que possui uma vela.

W.W.W.
Sigla, do inglês World Wide Web, que se refere à rede mundial de computadores, a qual chamamos de web ou internet.

WORK.SHOP
(uôrquichóp) *s.m.* Palavra de origem inglesa. Curso rápido e intensivo para ensino e aprendizado de novas técnicas, habilidades, etc.; oficina.
Nesta semana, participarei de um workshop para aprender a arte da costura.

X

X

(xis) *s.m.* Vigésima quarta letra do alfabeto.

XA.DREZ

(ê) *s.m.* 1. Jogo de tabuleiro, para dois jogadores, que valoriza o raciocínio. 2. Estampa em que as cores estão dispostas em quadradinhos alternados. 3. Prisão, cadeia.

XAM.PU

s.m. Espécie de sabão líquido usado para a limpeza dos cabelos.

XA.RÁ

s.2gên. Diz-se da pessoa que tem o mesmo nome que outra.
Vinícius e eu somos xarás, temos o mesmo nome.

XA.RO.PE

s.m. Medicamento líquido e concentrado, que se obtém misturando certos líquidos com açúcar.

XE.RI.FE

s.m. Na Inglaterra e na América do Norte, funcionário policial encarregado de manter a lei e a ordem em certas regiões.

XÍ.CA.RA

s.f. Pequeno recipiente com alça, próprio para o consumo de bebidas quentes: café, chá, leite, etc.

XI.LO.FO.NE

s.m. Instrumento composto por lâminas de madeira ou metal, de diversos tamanhos, que é tocado com baquetas.

XU.CRO

adj. 1. Diz-se do animal ainda não domesticado. 2. Diz-se do indivíduo ignorante em determinado assunto ou não treinado em qualquer tarefa. 3. Estúpido, grosseiro, bruto.

Y
(ípsilon) *s.m.* Vigésima quinta letra do alfabeto.

YA.KI.SO.BA
s.m. Palavra de origem japonesa. Prato típico da culinária japonesa, feito com macarrão, carnes e verduras.

YA.KU.ZA
s.f. Palavra de origem japonesa. 1. Organização criminosa japonesa conhecida por seus métodos violentos e sua disciplina rígida. / *s.m.* 2. Membro dessa organização. *Assistimos a um filme em que os yakuzas lutam com os mocinhos.*

YORK.SHI.RE
s.m. Palavra de origem inglesa. Pequeno cão doméstico com pelos longos.

Z

Z
(zê) *s.m.* Vigésima sexta letra do alfabeto.

ZA.BUM.BA
s.m. 1. Instrumento de percussão com som grave. 2. Bumbo, tambor grande.

ZAN.GA.DO
adj. 1. Que se zangou; bravo, furioso. 2. Que se irrita com frequência.

ZAN.GÃO
s.m. 1. O macho da abelha ou abelha doméstica. 2. Espécie de abelha que não fabrica mel e se alimenta do mel que outras abelhas produzem.

ZA.RA.BA.TA.NA
s.f. Tubo comprido pelo qual se sopram setas, pedrinhas e grãos; sarabatana.

ZA.RO.LHO
(ô) *adj.* e *s.m.* 1. Pessoa que não tem ou é cego de um olho. 2. Vesgo, caolho.

ZE.BRA
(ê) *s.f.* 1. Mamífero africano, semelhante a um burro, com listras pelo corpo. 2. Resultado inesperado.
Deu zebra no campeonato: o time que estava na última posição se classificou.

ZÍ.PER
s.m. Fecho de correr usado em roupas, mochilas e estojos, feito de duas fileiras com dentes metálicos que se encaixam quando a peça corrediça é movimentada.

ZO.NA
s.f. 1. Área delimitada natural ou artificialmente; região. 2. Falta de ordem, de organização; bagunça; desordem.

ZUM.BI
s.m. 1. Título dado ao chefe de um quilombo. 2. Segundo a mitologia afro-brasileira, fantasma que vagueia pelas casas e campos à noite.